La Casa Mayer en Málaga
Arte y sociedad

José Miguel Morales Folguera
Julio Antonio Morales Folguera
Walter Uptmoor

La Casa Mayer en Málaga
Arte y sociedad

Prólogo de Reyes Escalera Pérez

Universidad de Málaga
2025

Diseño de la colección y maquetación: Aurora Álvarez. UMA Editorial

ISBN: 978-84-1335-447-7

Depósito Legal: MA 1642-2025

Impresión: Podiprint

Impreso en España - Printed in Spain

Esta obra también está disponible en formato electrónico.

Esta obra ha superado un proceso de evaluación externa, ciega y por pares.

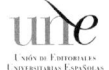

Esta editorial es miembro de la UNE, lo que garantiza la difusión
y comercialización de sus publicaciones a nivel nacional.

Patrocina:

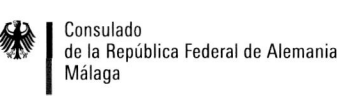

Consulado
de la República Federal de Alemania
Málaga

Índice

Fondo gráfico

En este libro se reproduce una selección representativa de fotografías históricas de diseños en color, cartones y vidrieras, procedentes del fondo del taller de vidrieras Mayer'she Hofkunstanstalt de Múnich. Ninguna de estas fotografías o ilustraciones puede ser utilizada de ninguna manera sin el consentimiento por escrito de Mayer'sche Hofkunstanstalt GmbH/Mayer de Múnich. Las fotografías están protegidas por derechos de autor y no se permite su uso comercial para reconstrucciones o restauraciones de vidrieras históricas sin el consentimiento previo por escrito de los titulares de los derechos.

Las fotografías de imágenes actuales han sido realizadas por José Miguel Morales Folguera.

Los documentos del Archivo de la Casa Maumejean han sido cedidos para esta obra por Francisco Hernando.

Las imágenes del Colegio de la Asunción han sido cedidas para esta publicación por Magdalena Morales.

Archivos y bibliotecas

Archivo Casa Maumejean de Alcalá de Henares
Archivo Casa Mayer de Múnich
Archivo Central del Colegio de la Asunción de Madrid
Archivo Díaz de Escobar del Museo Unicaja de Artes y Costumbres Populares de Málaga
Archivo Diocesano de Málaga
Archivo Municipal de Málaga
Archivo Témboury de la Biblioteca de la Diputación Provincial de Málaga
Biblioteca de Humanidades de la Facultad de Filosofía y Letras de Málaga
Biblioteca Nacional de España de Madrid
Museo Nacional del Prado
Sociedad Económica de Amigos del País de Málaga

También ha sido muy importante la documentación inédita facilitada por el Archivo de la Casa Mayer.

Prólogo
La luz como arte

Dijo Dios: «Haya luz», y hubo luz.
Vio Dios que la luz estaba bien,
y apartó la luz de la oscuridad (Gn 1, 3-4).

Desde antiguo, y especialmente en la Edad Media, iglesias y catedrales abrían sus muros con grandes vidrieras que dejaban pasar la luz, símbolo de la divinidad, tamizada en infinitos colores que iluminaban su interior, conformando un espacio íntimo que invitaba al recogimiento y la oración. Al mismo tiempo, con los programas visuales representados en ellas completaban el discurso catequético de altares, esculturas y pinturas que se distribuían por el interior de los espacios sagrados.

Si hace siglos los vidrieros sorprendían a la población con estos ventanales, que en ocasiones ocupan gran parte de los muros como en la catedral de León, e incluso los sustituyen, como en la Sainte Chapelle de París, en tiempos más cercanos, nos siguen seduciendo con nuevas propuestas que dialogan a la perfección con espacios creados en siglos anteriores como las propuestas de la catedral de Cuenca o la de Barceló en la de Palma de Mallorca.

También los canónigos de la catedral de Málaga, a finales del siglo XIX, quisieron completar el programa catequético con nuevas vidrieras, y para ello recurrieron a la Casa Mayer de Múnich, uno de los más prestigiosos talleres europeos que realizó numerosas obras destinadas a construcciones tanto religiosas como civiles de toda España. Asimismo, la capital malagueña contaba con nuevos edificios que demandaban vidrieras multicolores para cubrir sus ventanales y que fueron abastecidos por la misma empresa.

Esta es la temática que afronta este libro, firmado por José Miguel y Julio Antonio Morales Folguera, prolíficos investigadores, así como Walter Uptmoor, de la Casa Mayer, que ha aportado interesantes fotografías que más adelante señalaremos.

El estudio comienza con un capítulo dedicado a la historia de la Casa Mayer y Zettler y su apuesta, desde su fundación en 1847, por la recuperación de las actividades artesanales, y si bien en un principio se dedicaron a la producción de objetos sacros, pocos años después se especializaron en la realización de vidrieras, fundando delegaciones en diferentes ciudades. Para ello contrataron a numerosos artesanos y artistas que colaboraron con sus diseños en los que incorporaron reminiscencias e influencias medievales, impresionistas, del *art nouveau*, simbolismo y del movimiento de los nazarenos. La abundante producción de vidrieras de este prestigioso taller fue destinada a numerosas ciudades repartidas por todo el mundo, y en España son muchos los monumentos, tanto religiosos como civiles, los que cuentan con vitrales confeccionados por la Casa Mayer, considerándose las de la capilla de la Encarnación de la catedral malagueña —realizadas a partir de 1880–, las que inauguraron su presencia en nuestro país.

En los siguientes capítulos los autores analizan las vidrieras que la prestigiosa firma realizó para tres edificios malagueños: la iglesia de San Pablo, la capilla del colegio de la Asunción y la catedral. Desgraciadamente, algunas no se han conservado, puesto que los edificios en los que se dispusieron fueron destruidos en mayo de 1931. Este es el caso de la iglesia de San Pablo, proyectada por Jerónimo Cuervo entre 1874 y 1891, para la que la Casa Mayer confeccionó un altar tabernáculo —decorado con pinturas de temática veterotestamentaria, esculturas y símbolos cristianos— y dos púlpitos, sufragados por doña Ventura Terrado, una de las más conocidas benefactoras malagueñas, así como veintidós vidrieras, cuyo listado se incluye en el libro, cinco de las cuales fueron financiadas por la mecenas, especialmente las dispuestas en el presbiterio, dedicadas a la vida de san Pablo, y que fueron diseñadas por Carl Martin Feuerstein. Cada una de ellas ha sido descrita por los autores, incluyendo asimismo la inscripción latina que las acompaña.

Es de especial relevancia el manuscrito inédito que se analiza, ilustrado con planos y dibujos, en el que queda constancia de los gastos costeados por doña Ventura, así como el impreso donde se enumeran las obras y bienes necesarios para la finalización de la decoración de la iglesia. En él aparecen las donaciones realizadas por los benefactores, muchos de ellos destacados miembros de la burguesía malagueña, que costearon diversos objetos sacros, así como se informa de los que se necesitaban y aún no habían sido adquiridos. Asimismo, se incluye en este estudio el listado de todas las vidrieras elaboradas entre 1881 y 1890 —cuya información se ha extraído de los «Libros de envíos de la Casa Mayer»— en el que se expone el tipo iconográfico representado, el donante y el precio.

La capilla del Colegio de la Asunción fue otro de los edificios que se destruyeron en 1931 decorados con vidrieras de la Casa Mayer. En esta ocasión fueron siete las que se instalaron entre los años 1892 y 1896, seis de ellas con temática religiosa y la última correspondía a un rosetón decorativo dispuesto en la fachada. Como en el caso anterior, una mujer estuvo al frente de las obras, Amalia Heredia Livermore, marquesa de la casa Loring que junto a su hermano Tomás tuvieron un importante papel en la fundación del centro.

Afortunadamente, podemos seguir disfrutando de las magníficas vidrieras que la prestigiosa casa muniquesa confeccionó para la catedral malacitana, en la que también se conservan las realizadas por la Casa Maumejean (a partir de 1925), acreditada fábrica de origen francés que proveyó de vitrales a numerosos edificios malagueños.

Gran parte de las vidrieras catedralicias que se colocaron entre 1880 y 1915 confeccionadas por la Casa Mayer fueron costeadas por las más importantes familias de la alta burguesía del momento, así como otros miembros de la sociedad tanto civil como religiosa. Los autores, ambos especialistas en temática religiosa, han desarrollado un estudio histórico de cada una de las capillas —que abarcan once tramos— en los que se dispusieron las vidrieras, los y las mecenas que las costearon —muchas de ellas mujeres— así como un pormenorizado estudio donde se ha interpretado cada uno de los tipos iconográficos representados, que abarcan pasajes evangélicos, temas marianos, apóstoles, santos y santas —entre los que destacan los mártires de Málaga Ciriaco y Paula— y escudos nobiliarios.

Son muchas las aportaciones documentales de este estudio, fruto de la ardua labor de los autores en bibliotecas y archivos, entre las que destacan los libros de envíos de la Casa Mayer, así como los diseños de las vidrieras en dibujos, cartones y pinturas para la catedral, la *Descripción de la Capilla mayor de la Iglesia Parroquial de S. Pablo de Málaga* (12 de junio de 1892), manuscrito ya mencionado que informa de los gastos sufragados por doña Ventura Terrado, el impreso en el que se enumeran los objetos y presupuestos de las obras de dicha iglesia, así como un gran número de fotografías de las que son dignas de mención las que se tomaron en la sala de exposiciones de la Casa Mayer en las que se exhibían los ventanales catedralicios antes de su envío a Málaga, aportadas por Uptmoor.

Todas estas fuentes documentales han sido analizadas en profundidad por José Miguel y Julio A. Morales Folguera. El primero es catedrático emérito de Historia del Arte de la Universidad de Málaga, investigador de amplísimo bagaje y autor de numerosas publicaciones que han ampliado el conocimiento en diversas líneas de investigación, siendo pionero en muchas de ellas y ofreciendo una nueva concepción al estudio y valoración del arte hispanoamericano, el patrimonio malagueño, los estudios iconográficos, los Jardines Históricos, el urbanismo, la ingeniería militar, así como de las fiestas barrocas, entre otros. Es preciso también resaltar su implicación en favor del patrimonio histórico y su transferencia, realizando labores de inventario, comisariando exposiciones y organizando congresos de ámbito nacional e internacional. Julio A. Morales, es teólogo y autor de diversos estudios literarios y artísticos sobre temáticas marianas, doctor en Filología española, y especialista en la figura de María Magdalena.

Ambos son los autores del completo y riguroso libro que el lector tiene en sus manos, y que sin ninguna duda será una obra de referencia para investigadores y público en general interesados en las vidrieras, obras de un singular valor patrimonial y que, como señala Víctor Nieto, es el «gran arte olvidado».

Reyes Escalera Pérez
Catedrática de Historia del Arte
Sevilla 3 de marzo de 2025

Introducción

El 4 de junio de 1782, el consejero de Guerra del rey Carlos III, el macharatungo Miguel de Gálvez y Gallardo, comunicó al cabildo catedralicio la orden del conde de Floridablanca por la que se suspendía:

El arbitrio de medio real de vellón concedido al Cabildo catedralicio de la ciudad de Málaga en cada arroba de frutos que se extraen por los puertos de su obispado, para la construcción de su Iglesia Catedral, y limitado después en el año de 1757 a un quartillo por el tiempo necesario a completar la cantidad en que se reguló a satisfacción del mismo Cabildo toda la obra que faltaba.

Esta Real Orden suponía la interrupción de las obras de la catedral de Málaga, a la que le faltaba completar el tejado, la torre sur, la terminación de la fachada principal, así como la decoración de algunas zonas del interior, entre las que se encontraban las vidrieras.

En los años 1835 y 1855 las desamortizaciones de Mendizábal y de Madoz dejaron a la Iglesia española sin las rentas de sus posesiones rurales y urbanas, con las que se sustentaban la mayoría de sus actividades públicas y privadas.

Ambos hechos, la suspensión del arbitrio y la falta de recursos económicos, impidieron la terminación de las obras de la catedral de Málaga, aunque los graves problemas de filtración de humedades en la cubierta han llevado a que la propia Iglesia malacitana junto con la ayuda de subvenciones públicas y privadas, como el Ayuntamiento, la Diputación, la Junta de Andalucía y UNICAJA, acometan en la actualidad la realización de un tejado a dos aguas, como estaba proyectado inicialmente.

Lo mismo ocurre con las restantes obras promovidas por la iglesia, que necesitarán a partir de ese momento la ayuda de personas o entidades privadas. Este fue el modo en el que tanto la iglesia de San Pablo como el Colegio de la Asunción fueron construidos y equipados a finales del siglo XIX. Numerosos miembros de la alta burguesía malagueña colaboraron, donando dinero u obras de arte para su decoración.

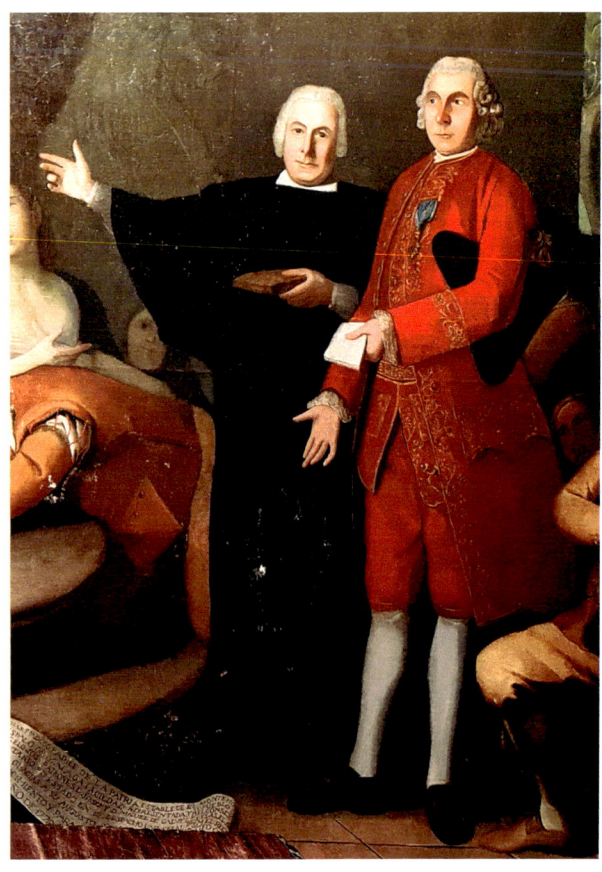

Miguel (1725-1792) y José de Gálvez (1720-1787), detalle del cuadro
Fundación del Real Montepío de Cosecheros de Málaga, 1776.
Sociedad Económica de Amigos del País. Málaga.

De igual manera el cabildo de la catedral de Málaga sólo va a emprender a partir de mediados del siglo XIX obras de decoración y de mantenimiento del templo mayor. Este periodo coincide con el final del auge económico de la ciudad, a pesar de lo cual comerciantes, banqueros, industriales, indianos, miembros del cabildo catedralicio y Ayuntamiento de Málaga van a subvencionar la colocación de vidrieras polícromas en distintas capillas, destacando los nombres de Tomás Heredia Livermore, Carlos Larios Martínez, Juan Núñez Delgado, Enrique de Herrera Moll, Juan y Joaquina Chacón García, Ventura Terrado, Dorotea Scholtz

Caravaca, Clementina Scoltz Caravaca, María del Pilar y Francisca Valls y Chacón y María Chaix, Viuda de Gómez.

Este proceso se inicia en el año 1880, encargando la realización de las vidrieras de la capilla de la Encarnación a la Casa Mayer, con sede en la ciudad bávara de Múnich. Entre 1880 y 1915 la casa de vidrieras muniquesa realizará las vidrieras de once tramos de la catedral, colocando las vidrieras no sólo de las zonas superiores, sino también del interior de algunas de las capillas.

La temática de las vidrieras se ajustaba al programa iconográfico establecido por el cabildo catedralicio, que era fundamentalmente cristológico y mariano. Las primeras vidrieras instaladas en 1880 fueron las de la capilla de la Encarnación y estaban dedicadas al tema de la Encarnación, advocación de la catedral, y a los mártires de Málaga San Ciriaco y Santa Paula, que cuentan con una parroquia dedicada a ellos en la ciudad. Este mismo año se realizaron las vidrieras del crucero sur con tres escenas de la Pasión: Descendimiento, Crucifixión y Caída camino del Calvario. En 1881 se realizaron las ubicadas en el crucero norte con tres temas de la vida de Cristo: Bodas de Caná, Bautismo de Cristo y Tentación de Cristo. En 1891 en la capilla del Sagrado Corazón se situaron las vidrieras de la Santa Cena y de San Buenaventura. En los paneles laterales de la fachada interna de los pies se ubicaron en 1892 la Entrada de Cristo en Jerusalén con San José, el Convite en casa del Fariseo y San Juan Bautista. En 1893 en el panel central del interior de la fachada de los pies se colocaron las vidrieras de la Transfiguración de Cristo y de la Inmaculada.

La crisis económica de finales de siglo supuso un pequeño parón en la colocación de vidrieras, por lo que habrá que esperar al año 1901 para que en la capilla de los Reyes se situaran las vidrieras de la Resurrección y de Santa Dorotea. En 1913 se pusieron en la capilla de San Julián las vidrieras de Jesús entre los doctores y San Clemente. En 1914 se colocaron en la capilla de Santa Bárbara las vidrieras de Pentecostés, Nuestra Señora del Pilar y San Pedro. Y en 1915 se situaron las últimas vidrieras realizadas por la Casa Mayer para la catedral en la Capilla de la Inmaculada Concepción con tres temas de la Pasión: Pilatos lavándose las manos, Ecce Homo y Coronación de Espinas. En el interior de la capilla se ubica el escudo del papa Pío IX, que promulgó el Dogma de la Inmaculada Concepción en 1854.

La Casa Mayer realizó programas de vidrieras para otros dos edificios malagueños: la iglesia de San Pablo y la capilla del Colegio de la Asunción en Barcenillas. Estas vidrieras fueron destruidas en los incendios de los días 11 y 12 de mayo de 1931. Para la iglesia de San Pablo llevó a cabo 22 vidrieras entre los años 1881 y 1890. Muchas de estas vidrieras fueron sufragadas por mecenas malagueños, entre los que destacó la figura de Ventura Terrado. La Casa Mayer también ejecutó el altar tabernáculo y los dos púlpitos de la iglesia. La capilla del Colegio de la Asunción para niñas de la burguesía malagueña llegó a contar entre los años 1892 y 1896 con siete vidrieras de la Casa Mayer y en su construcción intervinieron los hermanos Heredia Livermore.

Una de las aportaciones más importantes y valiosas de este estudio son los dibujos y los cartones realizados para la ejecución de las vidrieras, así como algunas fotografías, tomadas en la sala de exposiciones de la Casa Mayer antes de su envío desde Múnich al puerto de Génova y por mar desde el puerto genovés al puerto de Málaga. Esta documentación ha sido aportada por Walter Uptmoor de la Casa Mayer.

La Casa Mayer y Zettler

Joseph Gabriel Mayer (1808-1883), un artista académico y escultor, fundó en 1847 la empresa como *Institución de trabajos artísticos cristianos*, dedicándose en una primera etapa a la producción de objetos sacros: altares, esculturas y pinturas de carácter religioso. J. G. Mayer se propuso producir obras de arte en estilo gótico tardío, inspirándose en él por el sistema de trabajo y organización de los artesanos medievales. Hacia 1862 Franz Borgias Mayer, hijo de J. G. Mayer, y F. X. Zettler se asociaron para crear un departamento de vidrieras en el Instituto de Arte Cristiano (Hernanz, 2021: 270-288).

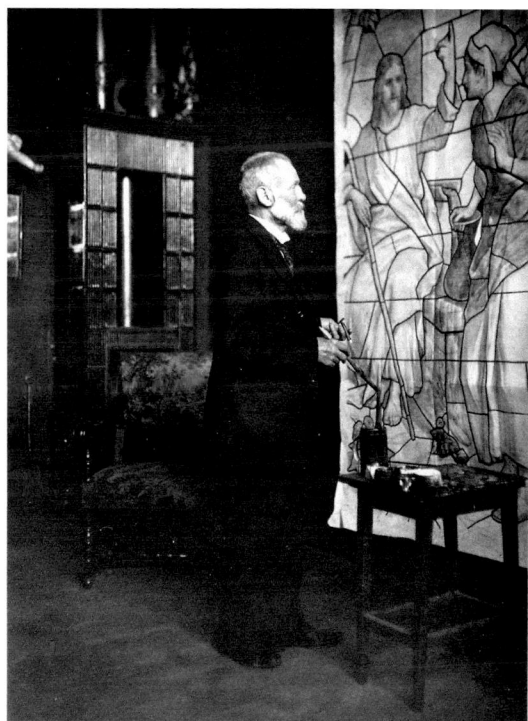 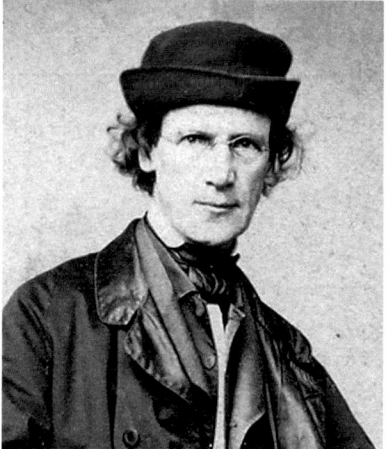

A la izquierda, Franz Borgias Mayer (1848-1926). A la derecha, Josef Gabriel Mayer (1808-1883).

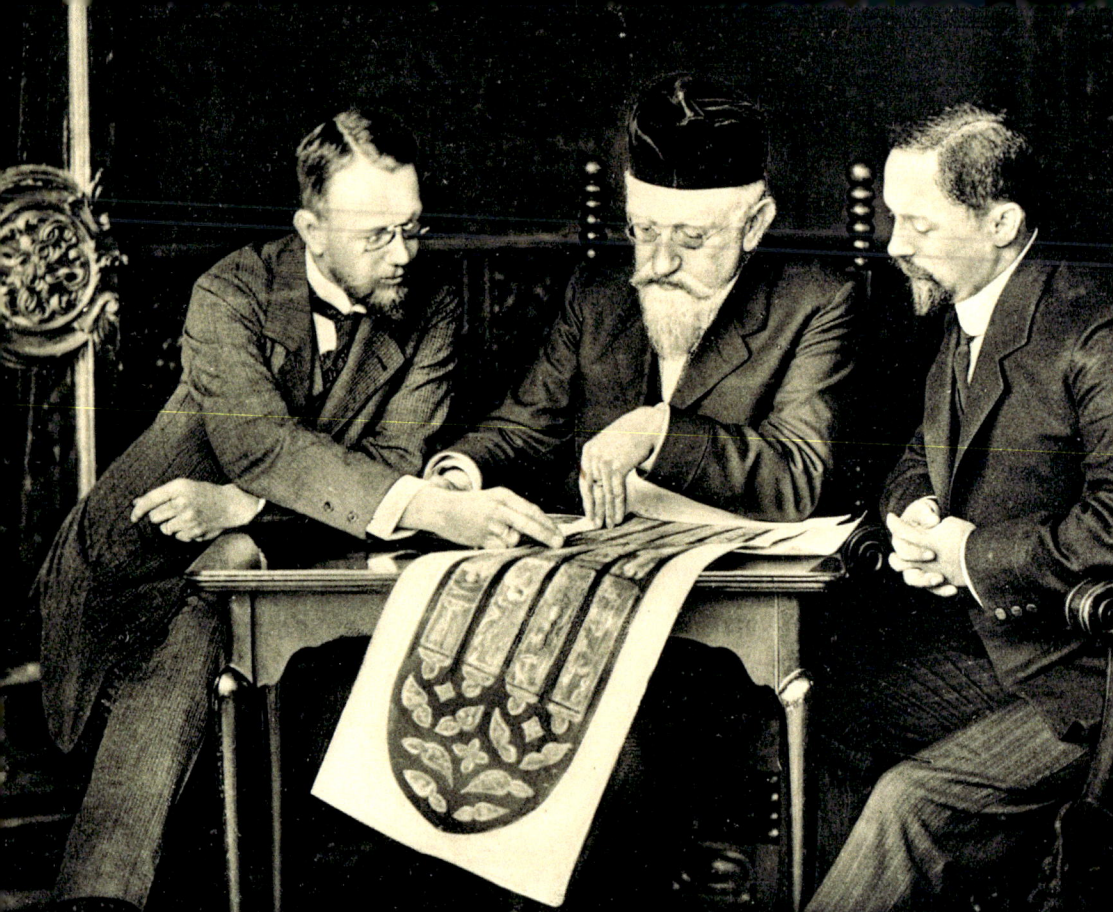

Franz Xaver Zettler (1841-1916) y sus hijos.

En 1865, inspirado por el movimiento *Arts and Crafts* de Gran Bretaña, algunos de cuyos artistas de vidrieras fueron invitados por Mayer para trabajar en Múnich, se abrió una oficina en Londres, a la que siguió la de París en 1869. Franz Xaver Zettler se casó en 1870 con una hija de J. G. Mayer y fundó su propia empresa, convirtiéndose ambas en líderes del mercado y realizando obras por todo el mundo.

En 1882 el rey Ludwig II concedió a la compañía el título de *Real Establecimiento de Arte de Baviera*. En 1888 se abrió una nueva delegación en Nueva York y en 1892 el papa León XIII le concedió el título de *Instituto Pontificio de Arte Cristiano* (F. Mayer, 2013: 7-8). Entre 1848 y 1926 la compañía adquirió un gran éxito internacional, llegando a emplear a finales del siglo XIX a unos 600 artesanos y vidrieros. En 1939, ante la difícil situación económica, la empresa Zettler fue adquirida por Mayer.

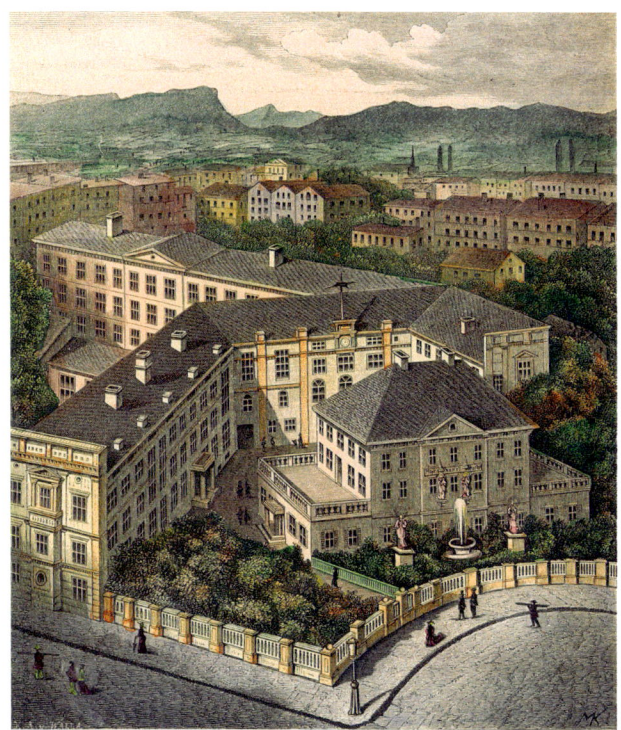

Edificio original de la Casa Mayer en 1850.

El arte de las vidrieras de la Casa Mayer y Zettler fue reconocido interna-
cionalmente con la denominación de *Estilo Múnich*, en el que aparecen unidas
características como el Romanticismo del siglo XIX, la inspiración medieval, el
Prerrafaelismo, los Nazarenos, el *Arts and Crafts*, los nuevos métodos industriales, la colaboración de artistas procedentes de la *Academia Muniquesa de Bellas
Artes* y de artistas ingleses, estando bajo la protección real. Aunque la mayoría
de las obras son anónimas, se conocen los nombres de algunos artistas que
colaboraron en los dibujos preparatorios de las vidrieras: Moritz von Schwind,
Schraudolph, Fritz Birkmeyer, Alexander Rudolf Grünenwald, Claudius Schraudolph el Joven, Martin Feuerstein y William Francis Dixon. La fabricación de
vidrieras se caracterizaba por la calidad del dibujo y la pintura, la luminosidad,
la transparencia y el aspecto cristalino (F. Mayer, 2013: 9-18).

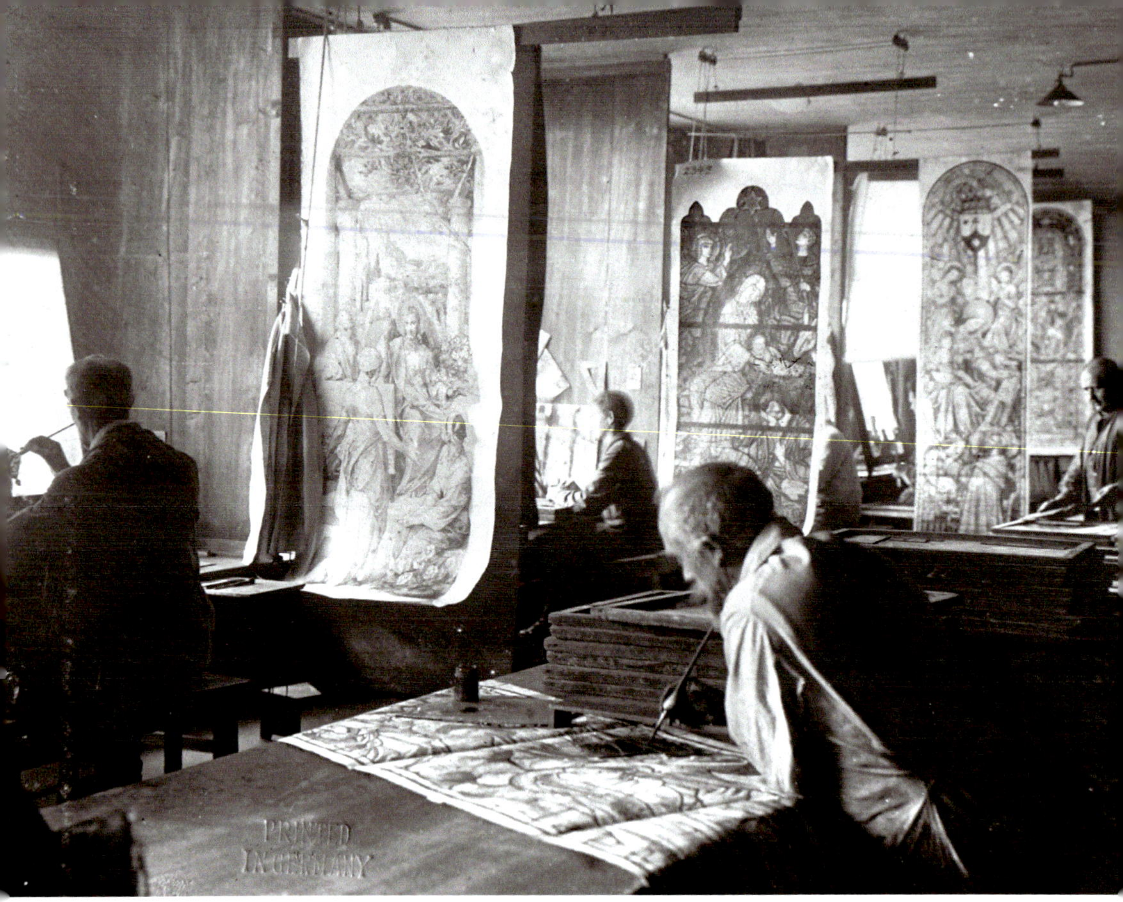

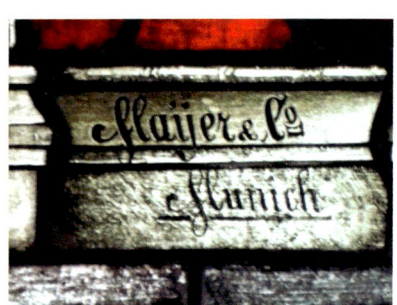

El taller de dibujo de la Casa Mayer en 1900.

Las vidrieras de la Casa Mayer están presentes en numerosas iglesias y catedrales de Australia, Canadá, Chile, Reino Unido de la Gran Bretaña, Francia, Nueva Zelanda, Irlanda del Norte, República de Irlanda, Pakistán, Escocia, Estados Unidos y España, donde podemos encontrar vidrieras de esta firma en Málaga, Barcelona, Bilbao, Burgos, Cabra, Cádiz, Córdoba, Granada, Guadix, Guipúzcua, Jerez de la Frontera, La Laguna y Los Silos en Tenerife, León, Loyola, Madrid, etc.

Firma de las vidrieras
de la Casa Mayer.

La Casa Mayer tenía oficinas de ventas tanto en Nueva York como en Londres, donde muchos de sus clientes solían hacer sus pedidos. Es el caso de la malagueña Ventura Terrado, quien hacía sus compras en la oficina londinense de la calle New Bond.

Las vidrieras de la capilla de la Encarnación de la catedral de Málaga, ejecutadas en 1880, están consideradas como las primeras vidrieras que la Casa Mayer realizó en España. Para la catedral de Málaga siguió realizando vidrieras al menos hasta mediados del segundo decenio del siglo XX.

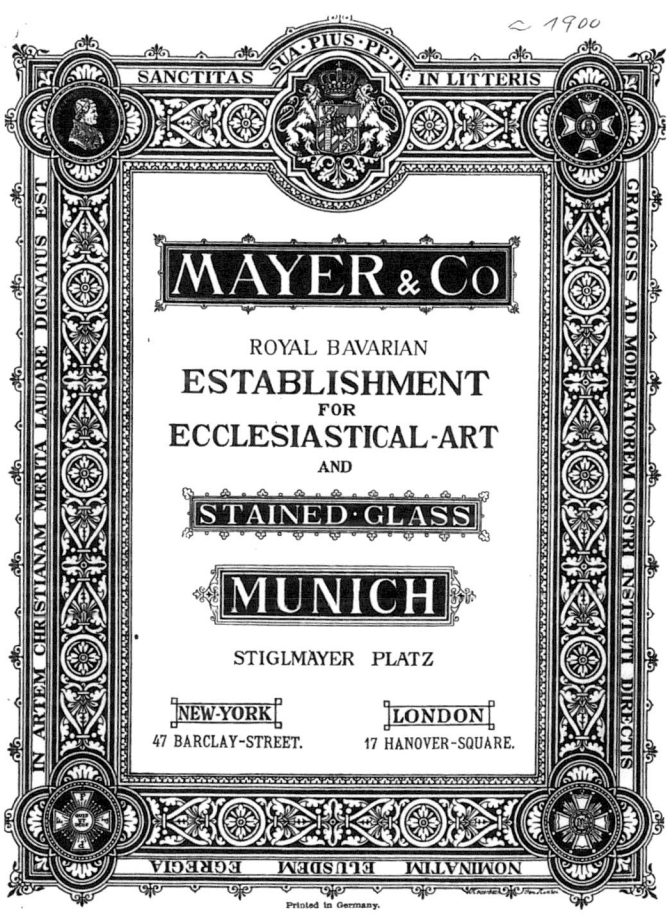

Portada del catálogo de la Casa Mayer para Londres y Nueva York en 1900.

Las obras artísticas de la Casa Mayer en la ciudad de Málaga

La actividad más importante de la Casa Mayer en la ciudad de Málaga estuvo centrada en la realización de las **vidrieras de la catedral**, que constituyen uno de los conjuntos de vitrales más importantes de la Casa Mayer en España tanto por su calidad artística y técnica como por el tamaño y el gran número de vidrieras realizadas. La misma colocación de las vidrieras constituyó una verdadera proeza técnica, dadas la altura en la que están situadas y sus dimensiones.

Estas vidrieras ocupan la superficie del segundo nivel de los muros, cobijadas por un gran arco de medio punto. Estos espacios corresponden mayoritariamente a los tramos destinados a las capillas, en los que también hay vidrieras en el interior. Sorprenden por su ubicación a una gran altura, por sus valores cromáticos y lumínicos y por su inserción en la poderosa arquitectura de la catedral. La Casa Mayer decoró con vidrieras polícromas entre 1880 y 1915 once de los diecinueve tramos de la catedral. Como dice Alberto J. Palomo (Palomo, 2020: 299), refiriéndose a las vidrieras de mayor tamaño:

> Estas vidrieras, cuyas medidas son de 5,43 m de alto por 1,77 m de ancho, están emplomadas con cristales soplados de color en masa, pintados en tonalidades de gran claridad, grabados en ácido y montados sobre el correspondiente esqueleto metálico, que en su exterior queda protegido por mallas galvanizadas para impedir la acción de las palomas y otros agentes nocivos para su mantenimiento.

El programa iconográfico estaba fijado de antemano por el cabildo catedralicio para cada uno de los tramos y era fundamentalmente de tema cristológico y mariano. Se inicia con el tema de la Encarnación, advocación de la catedral, y finaliza con la escena de Pentecostés. En principio, se hicieron las vidrieras correspondientes a las superficies más importantes: cabecera, crucero y pies, donde se ubicaron las representaciones de la Encarnación, Pasión, Bodas de Caná, Bautismo de Cristo, Tentación de Cristo, Transfiguración, Entrada en Jerusalén

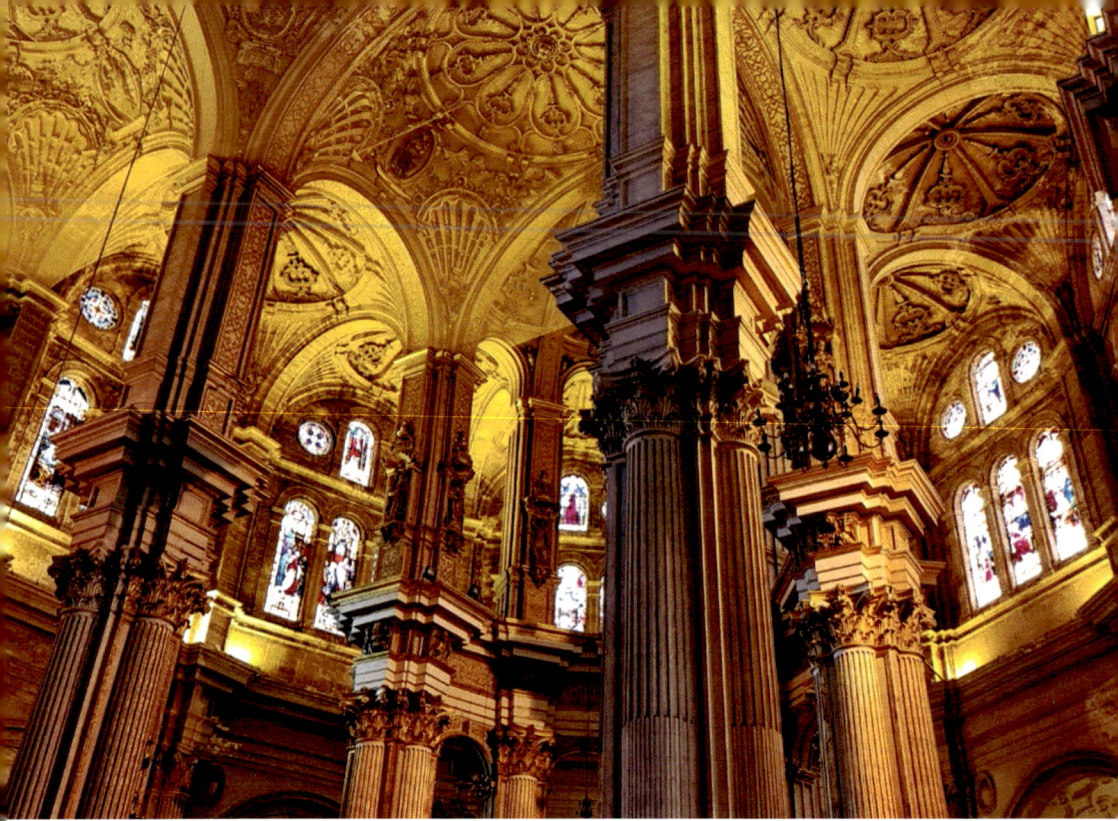

Perspectiva de las vidrieras de la cabecera de la catedral de Málaga.

y Convite del Fariseo, sufragadas por Carlos Larios, Tomás Heredia, Juan Núñez Delgado, Ayuntamiento de Málaga y Juan y Joaquina Chacón García.

A partir de ese momento, se dio la posibilidad de que los mecenas eligieran el tramo de la capilla que quisieran decorar. La primera en escoger fue la Sra. Ventura Terrado y Rodríguez, perteneciente a una importante familia de indianos malagueños, quien sufragó las de la capilla del Sagrado Corazón con el tema de la Santa Cena. Con posterioridad Dorotea Scholtz decoró la capilla de los Reyes, Clementina Scholtz la capilla de San Julián, María del Pilar y Francisca Valls y Chacón la capilla de Santa Bárbara y María Chaix la capilla de la Inmaculada Concepción.

Los mecenas se hacían cargo del coste de adquisición de las vidrieras y del traslado a Málaga, que se efectuaba desde Múnich a Génova por tierra, y desde el puerto italiano hasta el puerto de Málaga en barco. Además, debían pagar la instalación, estimada en unas diecisiete mil pesetas. A cambio de esta inversión algunos de los mecenas solicitaron ser enterrados en la catedral, lo que fue concedido por el cabildo tras conseguir la autorización pertinente, ya que desde la

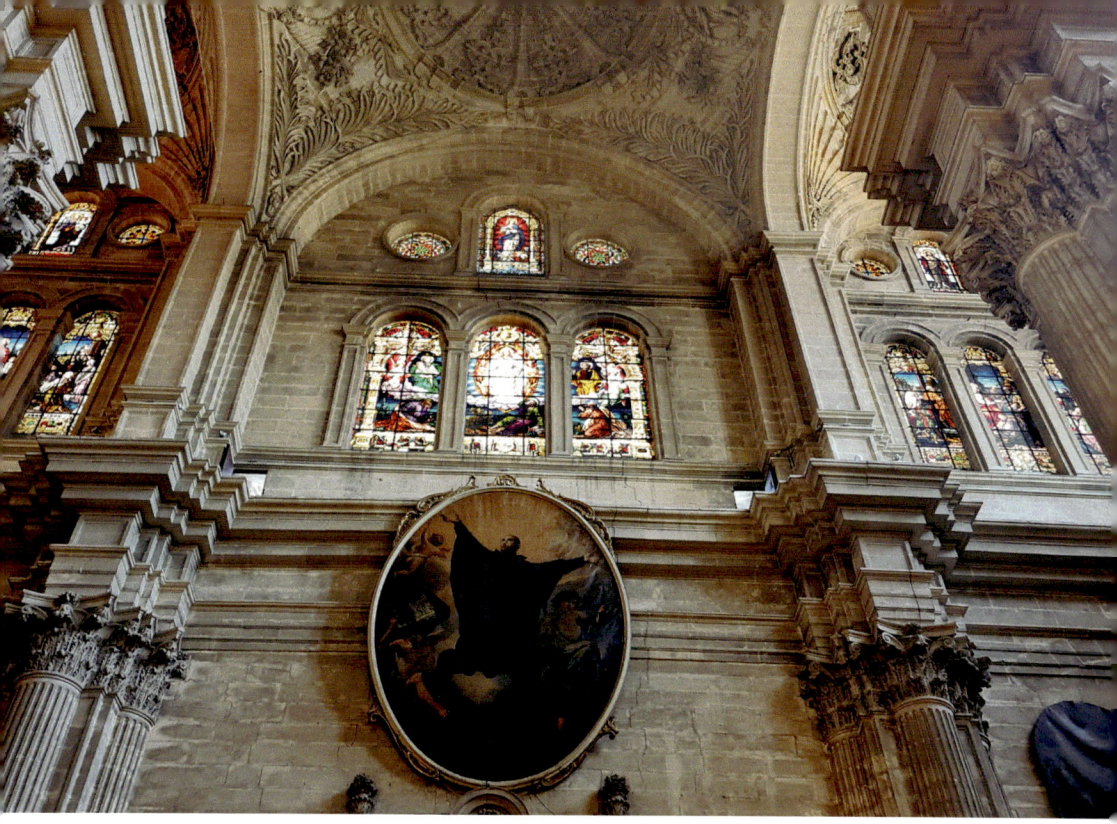

Imagen de las vidrieras de los pies de la catedral de Málaga.

construcción del cementerio de San Miguel estaban prohibidos los enterramientos en el interior de la ciudad.

Cada panel decorativo de la zona superior consta de seis superficies para las vidrieras dispuestas en dos niveles. En el inferior se halla el tema principal, distribuido en tres arcos, siendo el central más grande que los laterales. La escena podía ser única, organizada en los tres vanos o se podían realizar tres temas diferentes, cada uno en una ventana. Y en el nivel superior, en el centro, hay una figura relacionada con el argumento principal del panel, con los mecenas, y a los lados dos vidrieras circulares decorativas o con ángeles. En el interior de algunas de las capillas hay vidrieras colocadas en tres vanos, siendo el central de mayor tamaño, con escenas asociadas también con la iconografía principal.

La Casa Mayer realizó los correspondientes dibujos para los cartones, que después se utilizaron para las vidrieras. En este estudio se incorporan valiosos dibujos, fotografías y pinturas conservadas, utilizadas para la ejecución de las vidrieras de la catedral de Málaga, provenientes del Archivo de la Casa Mayer y de la Revista *La Ilustración Española y Americana*.

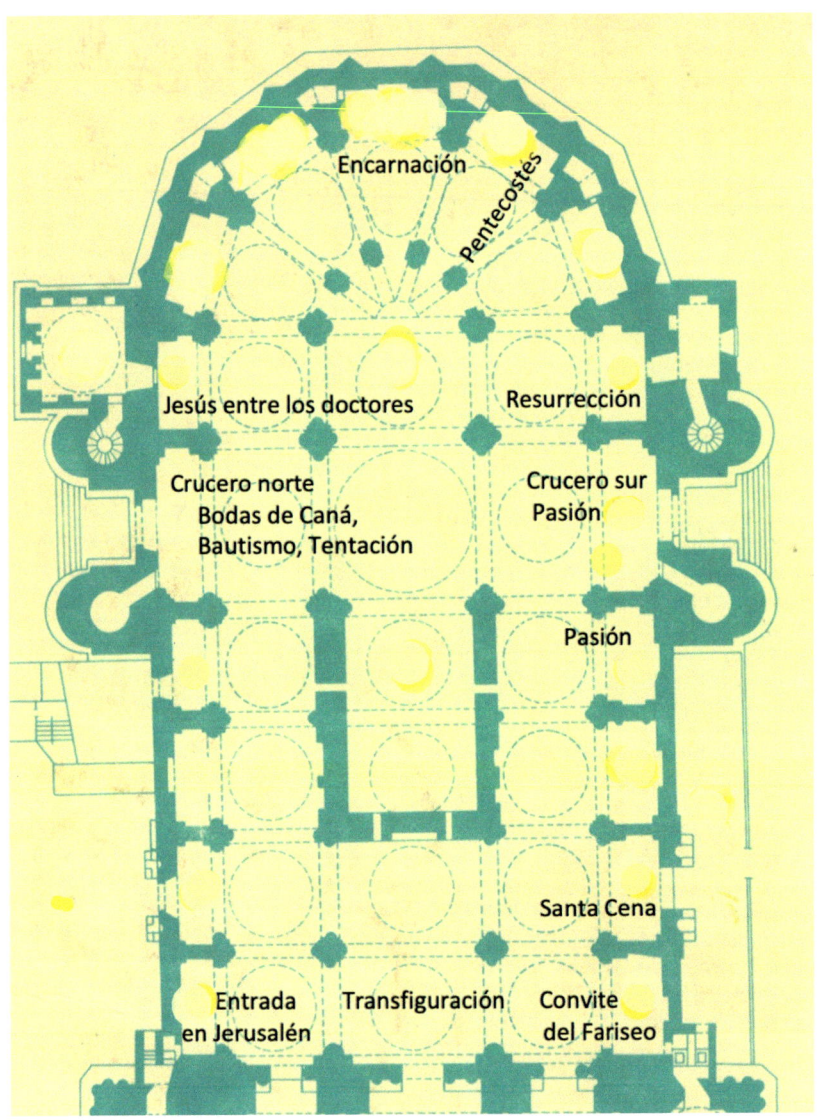

Planta de la catedral de Málaga con la ubicación de las vidrieras de la Casa Mayer.

La Casa Mayer llevó a cabo programas de vidrieras para otros dos edificios malagueños: la iglesia de San Pablo y la capilla del Colegio de la Asunción ubicada en Barcenillas. Desgraciadamente estas vidrieras fueron destruidas durante los asaltos a las iglesias y conventos los días 11 y 12 de mayo de 1931. La destrucción en ambos edificios fue total. Sólo quedaron los muros calcinados.

Para la nueva **iglesia de San Pablo**, ubicada en el popular barrio de la Trinidad, la Casa Mayer llegó a realizar un total de 22 vidrieras con una temática iconográfica muy variada, aunque abundaban las vidrieras decorativas. Esta iglesia fue proyectada en estilo neogótico por el arquitecto Jerónimo Cuervo González (1838-1898) y edificada entre los años 1874 y 1891.

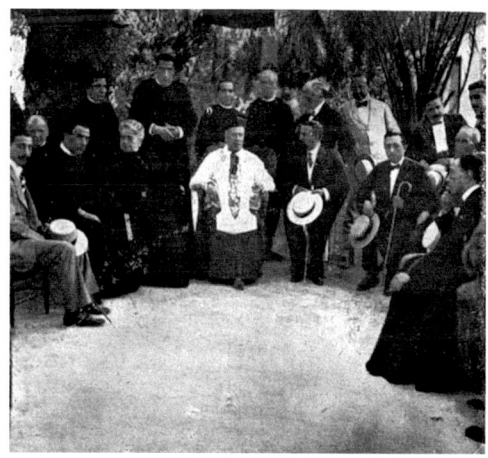

La Sra. Ventura Terrado junto al obispo de Málaga Juan Muñoz Herrera en la finca San Enrique de Churriana. Revista La Unión Ilustrada, 1911. Imagen procedente de los fondos de la Biblioteca Nacional de España.

La destrucción de la iglesia de San Pablo en mayo de 1931

La antigua iglesia de la Trinidad fue erigida en el año 1645, siendo obispo de Málaga Alonso de la Cueva y Carrillo[1] (Troyano, 1998: 123-160). El día 30 de junio de 1833 fue convertida en parroquia por el obispo Juan José Bonel y Orbe. El edificio fue demolido en 1873. En la construcción del nuevo templo intervino activamente el párroco D. Francisco de la Vega Gutiérrez, que logró atraer a la burguesía malagueña para que sufragara los gastos de la decoración de las capillas y del costo de las vidrieras, que se instalaron entre los años 1881 y 1890. De este modo, se levantó una nueva iglesia en el solar de la antigua. El nuevo templo se inauguró el 24 de mayo de 1891, siendo obispo de Málaga D. Marcelo Spínola Maestre (Escolar García, 1931: 41).

El 11 de mayo de 1931, unas horas después de asaltar la iglesia de Santo Domingo, grupos anticlericales se dirigieron, de manera desordenada y violenta hacia la iglesia de San Pablo, ubicada en el centro del barrio de la Trinidad. En el asalto de la iglesia, a los amotinados se les agregó un grupo de niños y jóvenes que habitaban en las cercanías. Consiguieron rápidamente romper la verja y, a continuación, derribaron la gran puerta de entrada. En una hora escasa, la destrucción del templo era prácticamente total. En el asalto destruyeron también la parte del templo destinada a sacristía con todo lo que se custodiaba: enseres, libros parroquiales, ornamentos sagrados, documentos (Escolar García, 1931: 41).

Asimismo, un pequeño grupo de exaltados profanaron las criptas donde se hallaban los restos del sacerdote D. Francisco de la Vega, de doña Ventura Terrado, los restos de la familia Bandera y de otros protectores del templo. Uno de los amotinados consiguió sacar los restos del P. Vega del interior de la cripta y prendiendo la calavera del sacerdote en lo alto de un palo fue paseada por

---

1   Alonso de la Cueva-Benavides y Mendoza Carrillo, también conocido como el Cardenal de la Cueva, fue un noble, clérigo y diplomático español, titulado tercer señor y primer marqués de Bedmar, Cardenal presbítero, primero de San Martino ai Monte, después de Santa Balbina, y cardenal-obispo de Palestrina y obispo de Málaga (1648-1655). Defensor del dogma de la Inmaculada Concepción de la Virgen María, consiguió que los cabildos de la ciudad (el eclesiástico y el municipal) jurasen este dogma de fe, estando en la catedral malagueña, de la que fue gran benefactor. A su costa mandó realizar las vidrieras de las Sacristías Mayor y Menor de la Catedral. El obispo de la Cueva falleció el 11 de julio de 1655, siendo enterrado en la cripta de los prelados de la capilla del Santísimo Cristo del Amparo de la catedral de Málaga.

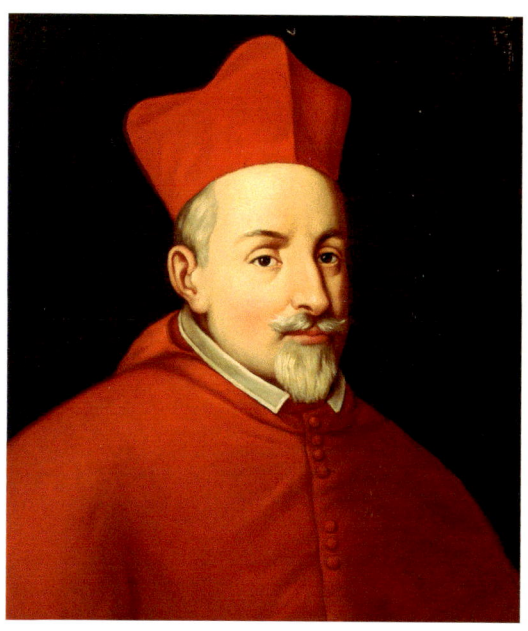

El cardenal Alfonso de la Cueva (copia). Manuel Ojeda y Siles. Hacia 1877.
Óleo sobre lienzo, 69 x 56 cm. Archivo Fotográfico del Museo Nacional del Prado.

las calles de la Puente y Cañaveral. También fueron paseados los otros ataúdes entre carcajadas y puyas. Sin embargo, aconsejados los amotinados por la posibilidad de contagio, los restos fueron llevados hasta el templo y abandonados en uno de los rincones destrozados. Dos días después, por orden de las autoridades sanitarias y a petición de los familiares, fueron trasladados hasta el cementerio municipal de San Miguel, donde se les dio sepultura (Escolar García, 1931: 42).

Sin embargo, esta versión contrasta con la aportada por el párroco D. Ildefonso Mayorga, quien, en carta dirigida al obispo de Málaga D. Manuel González con motivo de los vandálicos sucesos del 11 y 12 de mayo de 1931, difiere de esta explicación[2]. El párroco le comunica al prelado la inexactitud de dos noticias de importancia que han aparecido en el número último del Boletín del Obispado, correspondiente al pasado mes de junio y relativos a la iglesia de San Pablo.

....
2   Se trata de una carta manuscrita firmada por D. Ildefonso Mayorga el 4 de julio de 1931, en la que le narra al obispo D. Manuel González lo que sucedió en la iglesia de San Pablo. A. H. D. M., secc. Málaga, leg. 4, carp. 1.

En primer lugar, el clérigo manifiesta que la afirmación de la profanación de la Sagrada Eucaristía aparecida en la sección de *Crónica Diocesana* es absolutamente falsa, ya que el Reservado fue trasladado desde la iglesia de San Pablo, privadamente, a la casa de D. Luis Soto, el Coadjutor, a las dos y media de la madrugada del día 12; y en esa casa, durante los días sucesivos, se siguió administrando la Sagrada Comunión a las personas piadosas hasta que se consumió en su totalidad[3].

En segundo lugar, en cuanto a la sepultura de D. Francisco Vega Gutiérrez, que no es cripta sino nicho, se afirma que es casi seguro que no ha sido violada. La disposición del nicho, que se construyó bajo la dirección particular del sacerdote cuando se levantaban los cimientos de la iglesia, impedía el acceso. A continuación, sigue diciendo *Tengo algunas razones para asegurarlo. No se ha hablado de ningún cadáver, de San Pablo, que haya sido desenterrado con ornamentos sacerdotales; ni se ha mentado, ni por equivocación, por los testigos que pudieron presenciar el saqueo de los restos, determinadamente el del señor Cura*[4].

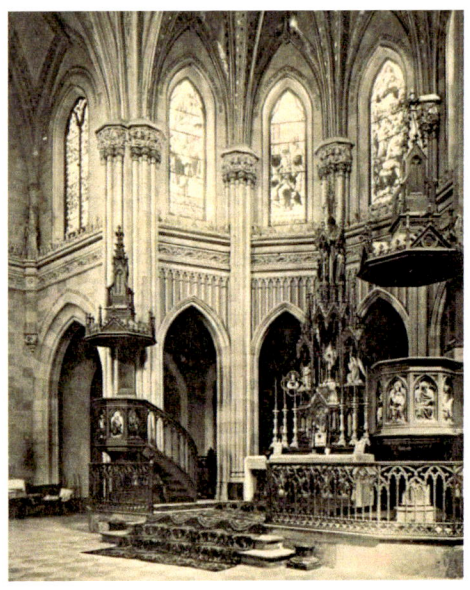

Imagen del presbiterio de la iglesia de San Pablo, en la que se pueden ver la reja, los dos púlpitos, el altar tabernáculo y cuatro vidrieras.

....
3   Íbidem.
4   Ídem.

Finalmente, D. Ildefonso concluye la carta declarando que *mientras una detenida inspección ocular no me demuestre que el nicho de D. Francisco Vega no contiene la caja de su cadáver, seguiré creyendo que éste no ha sido desenterrado en los pasados días del saqueo y profanación de iglesias y sepulturas*[5].

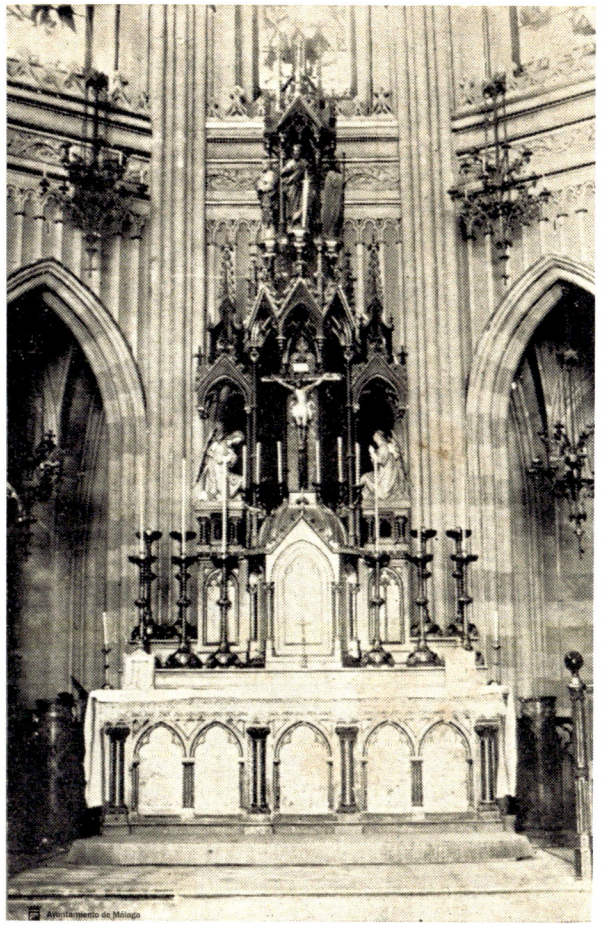

Altar Tabernáculo de la iglesia de San Pablo y candelería de bronce dorado.

....
5   Ídem.

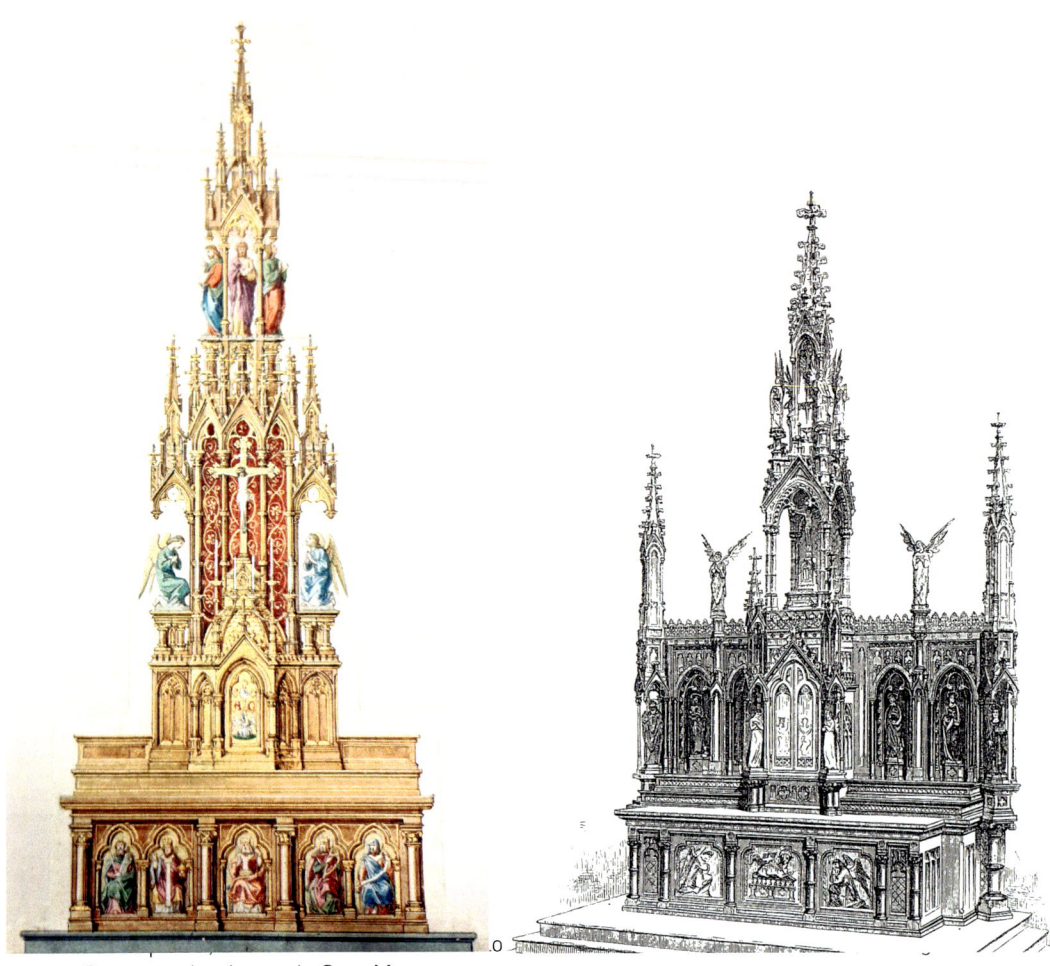

Diseños realizados por la Casa Mayer.

Entre todos los mecenas que intervinieron en la decoración de la iglesia, destaca la figura de la Señora Ventura Terrado (Ramos, 2004: 455-456), quien pagó todos los gastos de la capilla mayor, quedando reflejados en un manuscrito inédito que describe todas las obras, que va acompañado de planos y de dibujos y que fue dedicado por el párroco Francisco Vega a la Sra. Ventura Terrado.

Además de este manuscrito se ha conservado un impreso en el que aparecen relacionados todos los objetos donados y a falta de adjudicar de la iglesia de San Pablo, en los que están incluidas las obras del manuscrito.

Iglesia de San Pablo. Donaciones y presupuestos de obras sin adjudicatarios[6]

Terno encarnado de raso, con bordados, galón y fleco de oro, donado
por el Papa León XIII, valorado en 10.000

Reloj antiguo que existía en la iglesia catedral, donación Cabildo Catedral

Altar y tabernáculo para la capilla mayor, roble tallado y dorado
con esculturas, donación Ventura Terrado 40.000

Dos púlpitos de igual material y técnica del tabernáculo,
donación Ventura Terrado 28.000

Cinco grandes vidrieras para la capilla mayor, con escenas de la vida
de San Pablo, donación Ventura Terrado 25.000

Vidriera del Divino Redentor, donada por Manuel Ordóñez Gamboa,
canónigo S.I.C. 1.800

Vidriera de San Juan Bautista, donada por Juan Gallardo, canónigo S.I.C 1.200

Vidriera de San Antonio de Padua, donada por Juan Morillas, arcipreste
y párroco de Marbella 1.200

Vidriera de San José, donada por José Calle Andor, arcipreste 1.200

Vidriera de gran tamaño, donada por Trinidad Scholtz de Iturbe,
que representa el Sagrado Corazón de Jesús 8.000

Vidriera de gran tamaño, donada por los sres. Scholtz (varias familias
asociadas), que representa al Sagrado Corazón de María 8.000

Vidriera de la Santísima Trinidad, copia de Rivera, para el gran rosetón
de la fachada principal 7.000

Vidriera de Santo Tomás de Aquino en la nave lateral de la fachada
principal 3.500

Vidriera de San Sebastián, que hace juego con la anterior 3.500

Una vidriera con preciosos dibujos de colores en esmalte de gran tamaño
para el crucero 2.500

Una vidriera con preciosos dibujos de colores en esmalte de gran tamaño
para el crucero 2.500

Una vidriera con preciosos dibujos de colores en esmalte de gran tamaño
para el crucero 2.500

....

6   Museo Unicaja de Artes y Costumbres Populares. Archivo Días de Escobar. Caja 58 (2.8)

Una vidriera con preciosos dibujos de colores en esmalte de gran tamaño
   para el crucero.. 2.500

Una vidriera con preciosos dibujos de colores en esmalte de gran tamaño
   para la nave central... 2.500

Una vidriera con preciosos dibujos de colores en esmalte de gran tamaño
   para la nave central... 2.500

Una vidriera con preciosos dibujos de colores en esmalte de gran tamaño
   para la nave central... 2.500

Una vidriera con preciosos dibujos de colores en esmalte de gran tamaño
   para la nave central... 2.500

Una vidriera con preciosos dibujos de colores en esmalte de gran tamaño
   para el coro.. 1.000

Verjas, pavimento, escalinata, y pintura de la Capilla mayor,
   donación Ventura Terrado.. 14.000

Cuatro campanas acordadas a escala musical, donadas por
   el marqués de Larios,.. 24.000

Vinajeras de plata, donada por Juan Gallardo, canónigo S.I.C.......................... 600

Un retablo de roble tallado y dorado para el altar de San José, donado
   por los Sres. Novillo.. 12.000

Una cabeza tallada de San Pablo, donada por Srta. Victoria García Briz.......... 2.000

Un copón de plata sobredorada con esmaltes, donado por Antonio Navas,
   cura párroco de Adjunta, Puerto Rico y antiguo coadjutor de San Pablo........ 2.500

Mármoles para la solería sufragados por feligreses... 3.000

Cuadro al óleo realizado y donado por Ramona Solier de Lara, representando
   a María Magdalena

Cuadro al óleo realizado y donado por Luis Grarite, representando a San José

Retablo para la Capilla del Sagrario con la imagen del Sagrado Corazón
   valorado en.. 16.000

Retablo para la capilla de la Inmaculada Concepción, valorado en................ 24.000

Retablo para la capilla de San Pablo, valorado en... 14.000

Retablo para la capilla de Nuestra Señora de los Ángeles , valorado en......... 12.000

Retablo para la capilla de Nuestra Señora de los Dolores, valorado en.......... 12.000

Retablo para la capilla del Señor de la Columna, valorado en.................................... 12.000

Retablo para la capilla del Señor Crucificado, valorado en.. 10.000

Retablo para la capilla de San Antonio Abad, valorado en... 12.000

Retablo para la capilla del Santo Niño de la Guardia, valorado en............................. 8.000

Retablo para la capilla del Bautisterio con imágenes del Nacimiento,
    valorado en.. 10.000

Una escultura de San Pablo, titular de la iglesia, valorado en.................................... 4.000

Restauración de la imagen del Señor de la Columna, valorada en.............................. 1.200

Restauración de la magnífica escultura, toda de talla, atribuida
    a Mena u Ortiz, que representa a Nuestra Señora de los Dolores,
    valorada en... 4.000

Restauración de todas las demás imágenes... 2.000

Restauración de todas las pinturas con sus marcos y tallas.. 4.000

Catorce estaciones del Vía Crucis, de alto relieve y marcos de roble tallados,
    cada una valorada en... 600

Una custodia de plata valorada en.. 10.000

Un cáliz de plata dorada valorado en.. 3.000

Un portaviático de plata valorado en.. 1.500

Crismeras de plata para el Santo Bautismo valoradas en.. 800

Caja de plata para el Reservado valorada en... 200

Custodia de metal plateado y dorado fino valorada en.. 3.000

Cruz parroquial de primera clase en bronce valorada en.. 1.200

La casa de los Sres. Romero Marmolejo, calle de Granada, 1, tiene una magnífica
    colección de objetos de metal dorado y plateado de estilo gótico, a propósito para
    este templo.

Órgano, proyecto de los Sres. Merklin de Paris, valorado en..................................... 50.000

Pila bautismal de mármol blanco, tapa de roble, ornamentada con
    hierros artísticos valorada en.. 3.500

Dos pilas de agua bendita para la puerta principal valoradas en............................... 2.000

Los objetos sin donantes se ofrecían para que fueran adquiridos y donados a la parroquia. Antes de su adquisición, se debían reunir con el párroco para hacer la selección, recomendando el estilo gótico predominante en la iglesia. En un álbum que se conservaba en el archivo parroquial se inscribían los nombres de todos los donantes.

Sobresalen especialmente las 44.000 pesetas del **altar y tabernáculo** de la capilla mayor, realizados en roble tallado y dorado con relieves y pinturas. Su altura total era de 7,5 metros, ancho de 3 m. y profundidad de 1,5 m. En el frente de la base en hornacinas separadas por columnas, había cinco tablas pintadas con personajes del Antiguo Testamento: en el centro, el sumo sacerdote Melquisedec; a la derecha, el pontífice Aarón y el caudillo del pueblo de Dios Moisés; y a la izquierda, el rey David y el Profeta Elías.

En el costado del evangelio había tres arcos con pinturas que representaban el Tabernáculo, el Arca de la Alianza y la Mesa de los Panes de la Propiciación. En el costado de la epístola había pinturas localizadas en tres arcos representando el Altar de los Holocaustos, el Candelero de los Siete Brazos y el Altar de los Timiamas.

Sobre el altar se hallaba el tabernáculo con tres cuerpos. El primero era un basamento con el Sagrario en cuya puerta había una cruz, a los lados el alfa y el omega, que significan *Cristo principio y fin de todas las cosas*. Al pie de la cruz se hallaba el pelícano como alegoría de la Eucaristía.

El segundo cuerpo era un octógono con delgadas columnas, tablas pintadas en sus tres lados y bóveda. En la zona inferior había un trono escamado para el ostensorio de estilo gótico, ocupado ocasionalmente por un crucificado. El tercer cuerpo era un templete de cuatro lados, en cada uno de los cuales había una escultura de un metro de alto con San Pedro, San Juan, Santiago y San Pablo en el frente.

Coronaba el tabernáculo un elevado basamento de pilastras, arcadas y agudos frontoncillos, desde donde arrancaba una esbelta aguja tallada y dorada, que remataba una cruz de brazos enlazados.

Los **dos púlpitos** eran iguales en tamaño y diseño, también de roble tallado con un coste de 30.800 pesetas. Cada púlpito descansaba sobre un pedestal de forma octogonal y estaba cobijado por un tornavoz guarnecido de frontones y pequeñas agujas, elevándose en el centro un templete coronado de una gran aguja. Las cinco ochavas de cada púlpito iban decoradas con arcos ojivales con

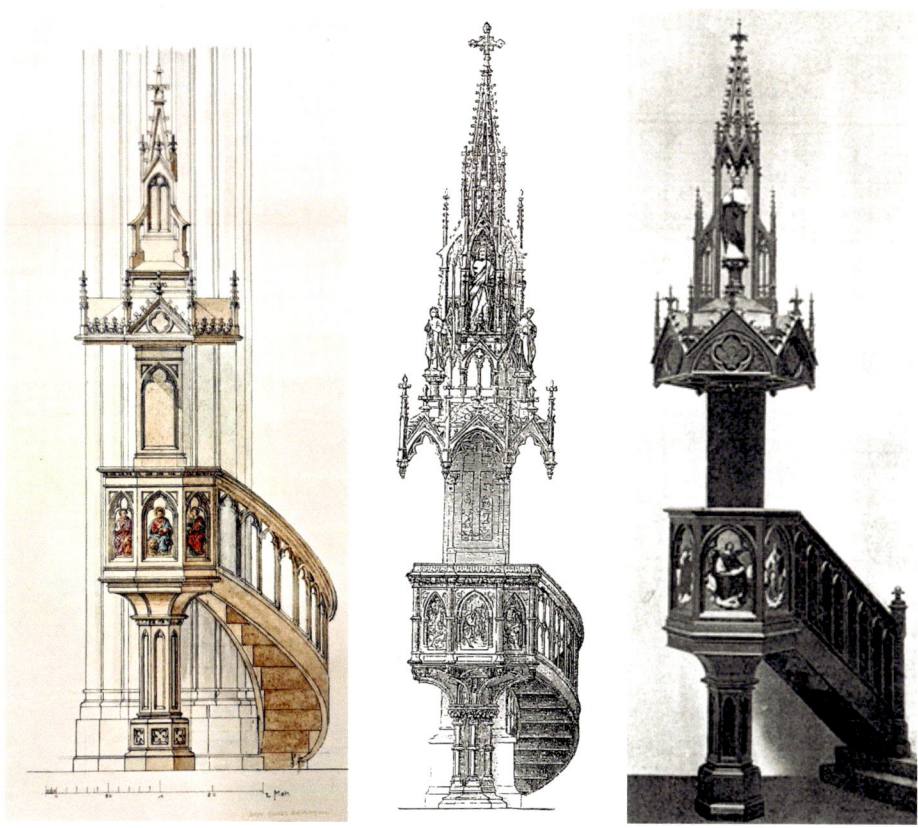

A la izquierda, púlpito de San Pablo, 1892. En el centro, Catálogo 1891. A la derecha, Convento de Ursulinas. Bohemia. Diseños de púlpitos realizados por la Casa Mayer..

cinco figuras de alto relieve representando las del púlpito del lado del evangelio el Divino Maestro y los cuatro evangelistas, Mateo, Marcos, Lucas y Juan, y las del lado de la epístola el redentor del Mundo y cuatro profetas mayores, Isaías, Jeremías, Ezequiel y Daniel.

En la grada del altar mayor, realizada en una sola pieza de jaspe rojo de 3 x 1,25 m., se colocaron dos criptas cubiertas con lápidas de jaspe. La de la derecha estaba destinada a Enrique de Sandoval, Ventura Terrado y sus padres respectivos. La cripta de la izquierda era para los restos mortales de las familias de Sandoval y Terrado.

La Sra. Terrado también sufragó la reja de la capilla, que fue diseñada por el ingeniero mecánico Joaquín Almellones con un coste de 5.740 pesetas y realizada por la compañía metalúrgica albaceteña de San Juan de Alcaraz (Vera Prieto, 2015). Esta misma compañía suministró todos los candeleros y arañas de la iglesia con un coste de 14.312 pesetas: candelería de bronce dorado, sacras y atriles de metal plateado para el altar; y en los muros arañas y brazos de pared de metal dorado y estilo gótico.

Se trataba de una actuación muy similar a la de la capilla del Sagrado Corazón de la catedral de Málaga, donde también Ventura Terrado sufragó los gastos de las vidrieras, de la solería de mármol, de la reja, de dos esculturas de mármol con iconografía desconocida, así como la imagen del Sagrado Corazón traída de Alemania. Debía ser una gran devota del Sagrado Corazón, ya que donó una imagen con la misma iconografía a la iglesia de San Juan, obra realizada por el escultor Antonio Casasola (1873-1903).

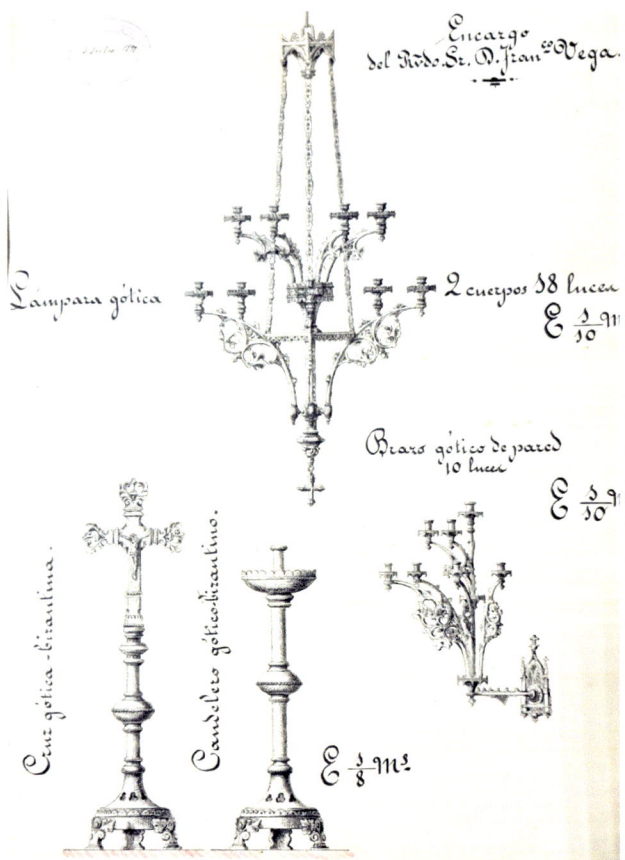

Candelería de la fábrica de San Juan de Alcaraz.

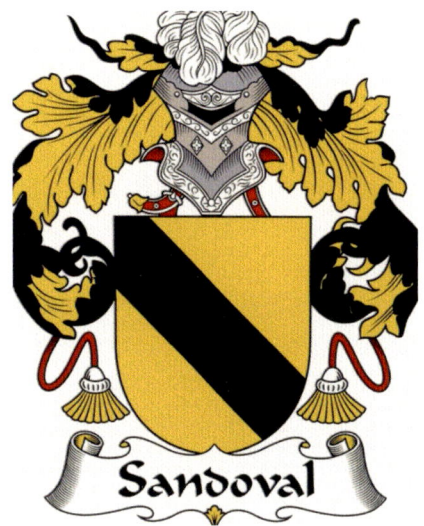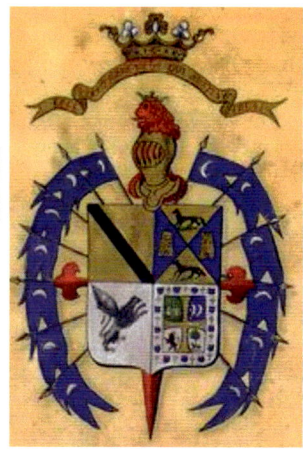

A la izquierda, Blasón de Enrique Sandoval y Manescau. A la derecha, Blasón de los Marqueses de Casa Sandoval.

La Sra. Ventura Terrado (1913) estuvo casada con Enrique Sandoval y Manescau, cuyos padres se habían instalado en la isla de Cuba a comienzos del siglo XIX. El iniciador de la saga malagueña de los Sandoval fue Lorenzo de Sandoval Herrán (1771-1862), natural de Bozóo, Burgos. Atraído por el auge económico de Málaga, se estableció en esta ciudad, donde en 1805, a la edad de 34 años, se casó con Ana María Manescau y Saborio, de 27 años, en la iglesia de los Mártires. Pocos años más tarde, la familia se trasladó a la isla de Cuba. Tuvieron siete hijos. Los Sandoval no sólo adquirieron riqueza en la isla, sino que algunos de sus componentes hicieron carrera política al frente de los puestos más altos de la administración.

Entre los hermanos destacó especialmente Emilio Sandoval y Manescau (1815-1883), nacido en La Habana, Primer Marqués de Casa Sandoval. Se casó con María Ignacia Lasa y Tejada el 21 de enero de 1839 en la iglesia del Espíritu Santo de La Habana. Murió en 1883 a la edad de 68 años y fue enterrado en Málaga en el panteón del cementerio de San Miguel propiedad de la familia. Su hijo mayor Ignacio de Sandoval y Lasa (1843-1935) fue Regidor de la Habana y en 1875 fue nombrado Segundo Marqués de Sandoval.

Uno de los hermanos del Primer Marqués de Sandoval fue Enrique Sandoval y Manescau, quien se casó en Málaga con Ventura Terrado y Rodríguez. Entre sus propiedades conocidas figuran una fábrica de jabón en la calle Refino y la Hacienda de San Enrique en Churriana (Santa Cruz, 1940).

La viuda de Sandoval estuvo también involucrada en la llegada de los salesianos a Málaga, ya que en 1895 donó una gran parte de la fábrica de jabón de San Ignacio, localizada en la calle Refino, para la ubicación del Oratorio Salesiano, que tenía el nombre de San Enrique por su marido fallecido (Ruiz Delgado, 2012: 187-212). Por esta razón el Ayuntamiento acordó en sesión de 8 de febrero de 1895 bautizar dicha calle con el nombre de Ventura Rodríguez. El día 10 de enero de 1896 Ventura Terrado escribió una carta abierta al Ayuntamiento de Málaga para que la calle Refino llevara el nombre de Don Bosco *El Apóstol de la Clase Obrera y Padre de la juventud abandonada*. El Ayuntamiento accedió a dicha petición, por lo que durante unos años la calle Refino llevó el nombre de Don Bosco, con cuyo motivo tuvo lugar una fiesta de inauguración (*Boletín Salesiano*, 1897: 163-164).

En la misma fábrica de San Ignacio los jesuitas tenían una escuela nocturna para obreros, el Patronato de San José, inaugurado en 1906 y que en 1913 tras el fallecimiento de Ventura Terrado se trasladó a la calle de Pozos Dulces, que

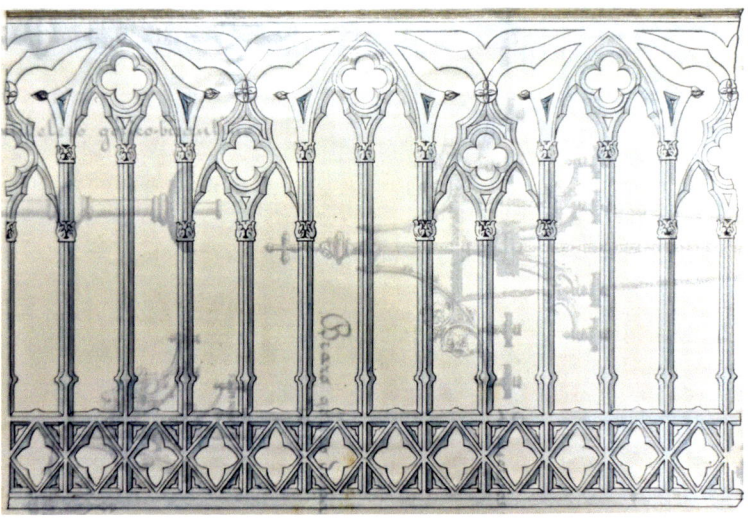

Dibujo de la verja del presbiterio de la iglesia de San Pablo, diseñado por el ingeniero Joaquín Almellones.

se hallaba en la parte trasera de la residencia de los jesuitas de la plaza de San Ignacio. Esta institución fue el precedente de la actual Escuela Profesional de San José, ubicada en el barrio de Carranque.

Las preocupaciones sociales llevaron a la Sra. Terrado a construir un barrio obrero con el nombre de Ntra. Sra. del Rosario para doce familias necesitadas en la hacienda que poseía en la población de Churriana. La Revista *La Unión Ilustrada* publicó en los números 42 y 97 de los años 1910 y 1911 varias imágenes con la colocación de la primera piedra y de la inauguración, a la que asistió el obispo de Málaga Juan Muñoz Herrera. Esta actividad se puede relacionar con las de otros burgueses malagueños que edificaron barrios para los obreros: Eduardo Huelin Reissig (1822-1891), constructor del barrio de Huelin, y Modesto Escobar y Acosta (1877-1936), que llevó a cabo la Colonia de Santa Inés junto a su fábrica de cerámica.

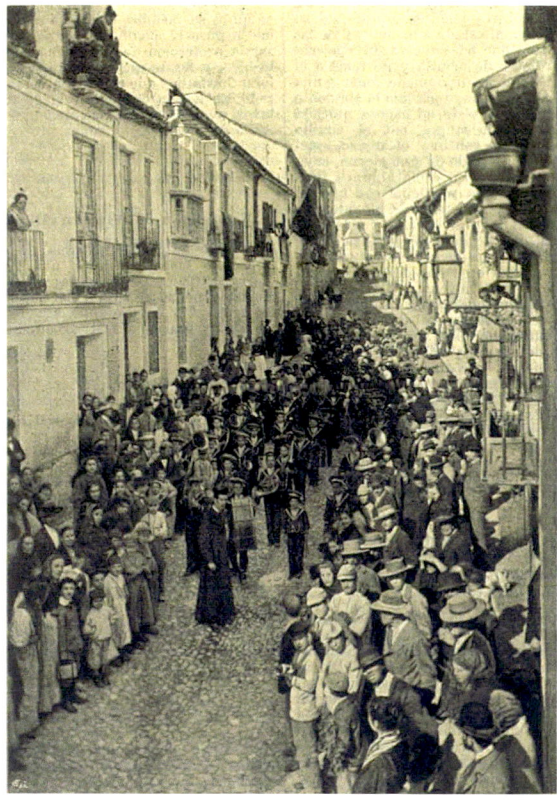

Ceremonia de inauguración
de la Calle de Don Bosco.

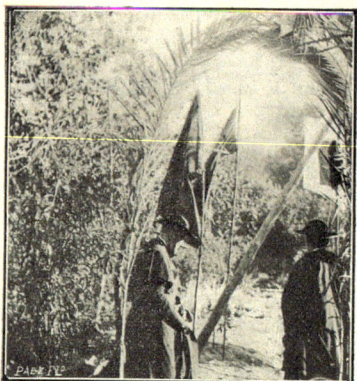

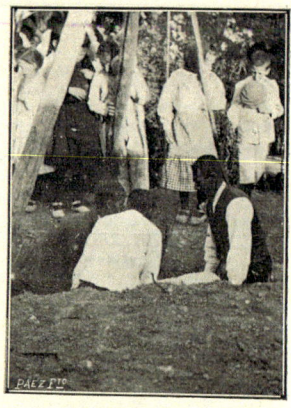

El Obispo de Málaga, contemplando el sitio donde construirán las casas

Obreros preparando la piedra que había de ser la primera

Doña Ventura Terrado, viuda de Sandoval, dama de nobles y caritativos sentimientos, se ha desprendido con un desinterés que la enaltece, de una gran parte de su finca «San Enrique», enclavada en el término de Churriana, cediéndola en beneficio de los pobres obreros.

En el sitio destinado para la construcción del barrio obrero, se

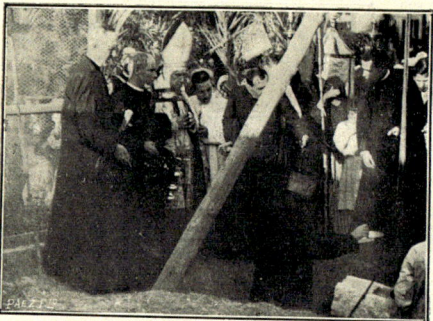

Bendición de la primera piedra, por el Sr. Obispo

levantarán diez casas que serán ocupadas por otras tantas familias.

La colocación de la primera piedra resultó una verdadera solemnidad.

Para bendecirla y colocarla se invitó á nuestro prelado. que terminada la ceremonia, pronunció una sencilla plática encaminada á ensalzar las grandes virtudes que atesora la generosa donante.

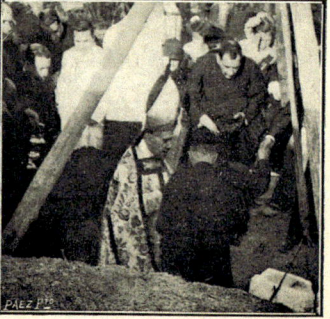

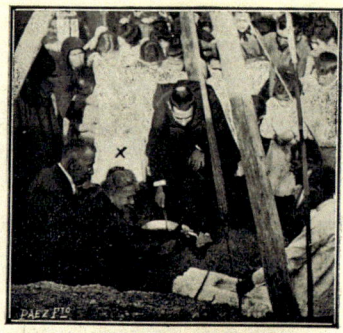

El Sr. Obispo disponiéndose á la colocación de la primera piedra

La Sra. Viuda de Sandoval, depositando una palustrada de mezcla

Bendición en el acto de colocación de la primera piedra en el barrio obrero de la Hacienda San Enrique de Churriana promovido por Ventura Terrado. Revista *La Unión Ilustrada*. Imagen procedente de los fondos de la Biblioteca Nacional de España.

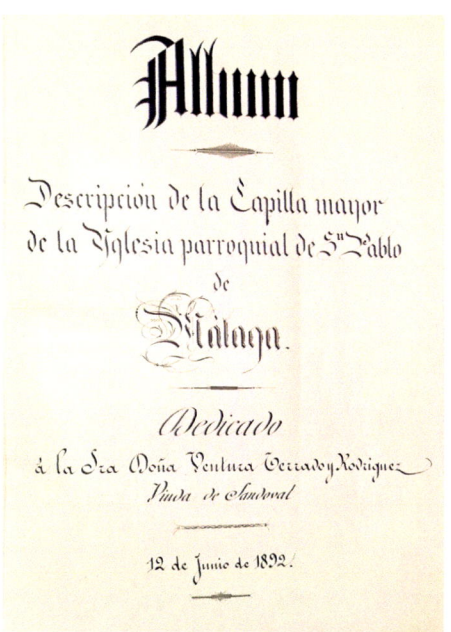

Portada del Manuscrito.

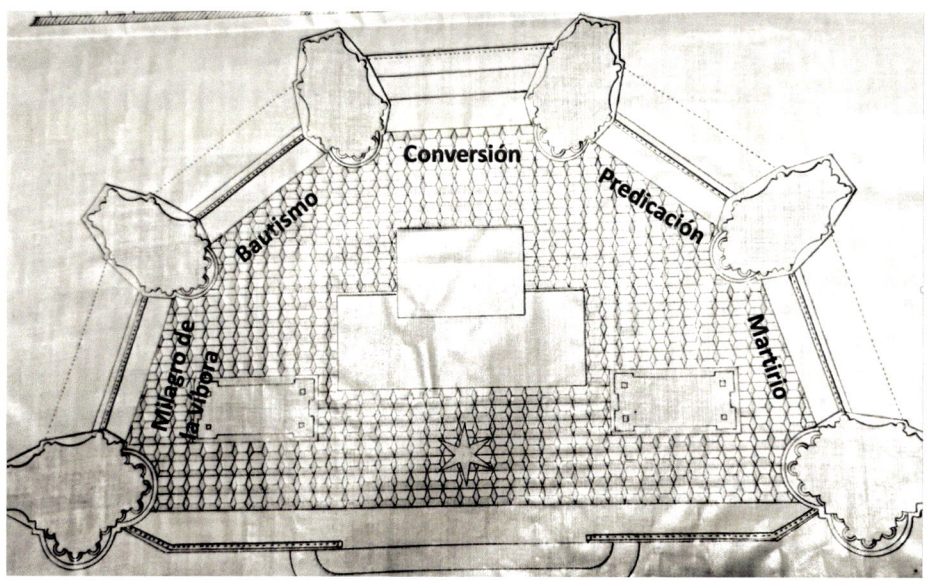

Planta del presbiterio de la iglesia de San Pablo con la ubicación de las vidrieras sobre la vida de San Pablo, sufragadas por Ventura Terrado.

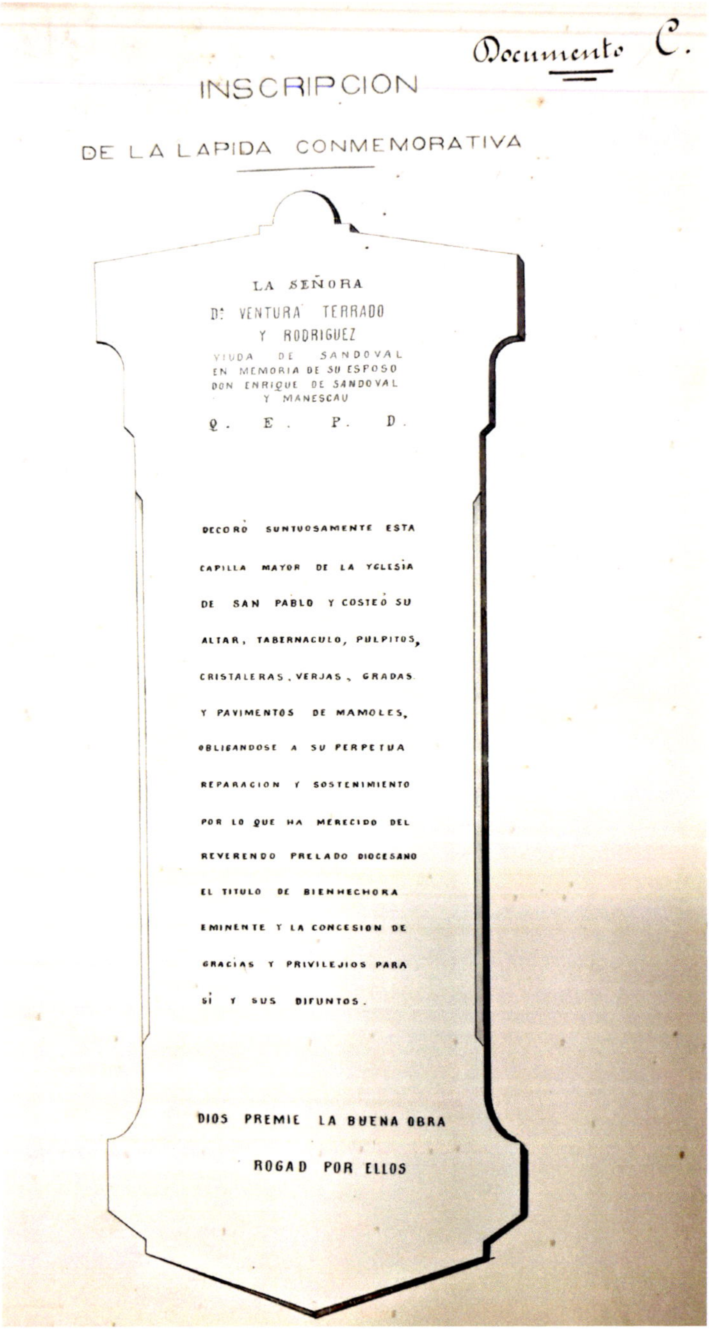

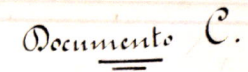

INSCRIPCION

DE LA LAPIDA CONMEMORATIVA

LA SEÑORA

Dª VENTURA TERRADO
Y RODRIGUEZ

VIUDA DE SANDOVAL
EN MEMORIA DE SU ESPOSO
DON ENRIQUE DE SANDOVAL
Y MANESCAU

Q. E. P. D.

DECORO SUNTUOSAMENTE ESTA

CAPILLA MAYOR DE LA YGLESIA

DE SAN PABLO Y COSTEO SU

ALTAR, TABERNACULO, PULPITOS,

CRISTALERAS, VERJAS, GRADAS

Y PAVIMENTOS DE MAMOLES,

OBLIGANDOSE A SU PERPETUA

REPARACION Y SOSTENIMIENTO

POR LO QUE HA MERECIDO DEL

REVERENDO PRELADO DIOCESANO

EL TITULO DE BIENHECHORA

EMINENTE Y LA CONCESION DE

GRACIAS Y PRIVILEJIOS PARA

SI Y SUS DIFUNTOS.

DIOS PREMIE LA BUENA OBRA

ROGAD POR ELLOS

Lápida conmemorativa de las obras realizadas por la Sra.
Ventura Terrado y Rodríguez en la iglesia de San Pablo. 1892.

Relación de las 22 vidrieras realizadas por la Casa Mayer en la iglesia de San Pablo entre 1881 y 1890

Cinco grandes vidrieras para la capilla mayor, con escenas de la vida
de San Pablo y donación de Ventura Terrado, con los siguientes temas
de izquierda a derecha: Milagro de la víbora, Bautismo de San Pablo,
Conversión de San Pablo, Predicación de San Pablo y Martirio de
San Pablo .... 25.872 pesetas

Vidriera del Divino Redentor, donada por Manuel Ordóñez Gamboa,
canónigo S.I.C. 1.800

Vidriera de San Juan Bautista, donada por Juan Gallardo, canónigo S.I.C. 1.200

Vidriera de San Antonio de Padua, donada por Juan Morillas,
arcipreste y párroco de Marbella 1.200

Vidriera de San José, donada por José Calle Andor, arcipreste 1.200

Vidriera de gran tamaño, donada por Trinidad Scholtz de Iturbe,
que representa al Sagrado Corazón de Jesús 8.000

Vidriera de gran tamaño, donada por los sres. Scholtz
(varias familias asociadas), que representa al Sagrado Corazón de María 8.000

Vidriera de la Santísima Trinidad, copia de Rivera, para el gran rosetón
de la fachada principal 7.000

Vidriera de Santo Tomás de Aquino en la nave lateral de la fachada
principal 3.500

Vidriera de San Sebastián, que hace juego con la anterior 3.500

Una vidriera con preciosos dibujos de colores en esmalte
en gran tamaño para el crucero 2.500

Una vidriera con preciosos dibujos de colores en esmalte
en gran tamaño para el crucero 2.500

Una vidriera con preciosos dibujos de colores en esmalte
de gran tamaño para el crucero 2.500

Una vidriera con preciosos dibujos de colores en esmalte de gran tamaño
para el crucero 2.500

Una vidriera con preciosos dibujos de colores en esmalte
de gran tamaño para la nave central 2.500

Una vidriera con preciosos dibujos de colores en esmalte
de gran tamaño para la nave central 2.500

Una vidriera con preciosos dibujos de colores en esmalte
de gran tamaño para la nave central 2.500

Una vidriera con preciosos dibujos de colores en esmalte
de gran tamaño para la nave central 2.500

Una vidriera con preciosos dibujos de colores en esmalte
de gran tamaño para el coro 1.000

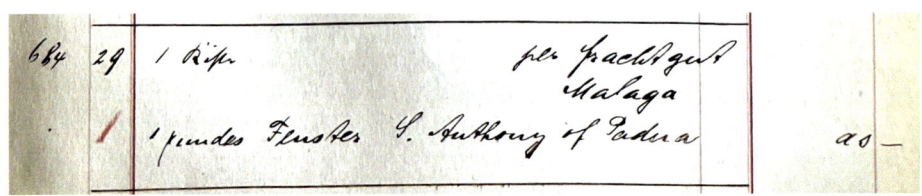

Libro de envíos de la Casa Mayer para la parroquia de San Pablo, 30 diciembre 1881.
1 vidriera de la Conversión de San Pablo.

Libro de envíos Casa Mayer, parroquia de San Pablo, 29 abril 1885.
1 vidriera redonda de San Antonio de Padua.

Libro de envíos Casa Mayer, parroquia de San Pablo, 29 octubre 1890.
Rev. señor Francisco Vega, Párroco de San Pablo, Málaga.
4 vidrieras, Temas de la vida de San Pablo
1 vidriera circular, Busto del Corazón de Jesús, Corazón de María
1 vidriera circular, Infancia de Jesús
1 vidriera circular, San Jerónimo
1 vidriera circular, cáliz y hostia
2 vidrieras de 2 luces, ornamentales
1 vidriera de 2 luces, más corta, ornamental
4 vidrieras de 2 luces, ornamentales
1 vidriera circular del Corazón de la Inmaculada.

El autor de los dibujos sobre la vida de San Pablo fue **Carl Martin Feuerstein** (1856-1931), quien procedía de una familia alsaciana de artistas, ya que su padre Johan Martin Feuerstein era escultor. En 1878 se traslada a Paris y entre 1880 y 1882 trabaja como pintor en Alsacia. Tras un viaje por Italia se asienta en Múnich, donde entre 1898 y 1924 fue profesor de pintura de la Academia Bávara de Bellas Artes. El rey Luis III le concedió en 1914 la Cruz de Caballero de la Orden del Mérito de la Corona de Baviera, inscribiéndose en el registro de la nobleza con el nombre de Ritter von Feuerstein.

Martin Feuerstein se dedicó especialmente a la pintura religiosa, siendo considerado como un representante tardío de los nazarenos, pero incorporando elementos del Art Nouveau y del Impresionismo. Una de sus principales actividades fue la realización de dibujos para vidrieras, que después la Casa Mayer llevó a cabo en edificios de distintos países de Europa y América. En España hay vidrieras inspiradas en sus dibujos en el Banco de España de Madrid y en la iglesia de San Pablo de Málaga.

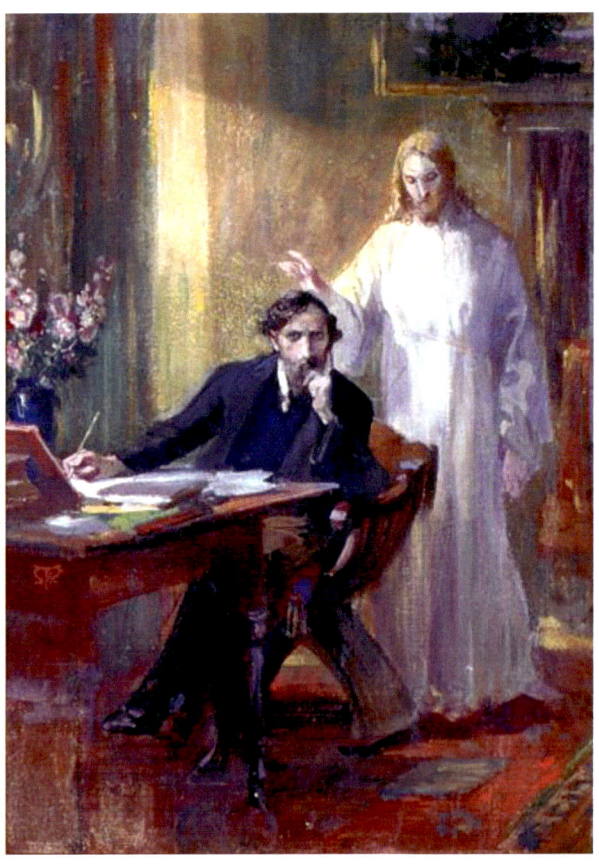

Autorretrato de C. M. Feuerstein. Hacia 1900.

Para la iglesia de San Pablo de Málaga realizó los dibujos en blanco y negro de las cinco vidrieras del presbiterio sobre la vida de San Pablo, que de izquierda a derecha representan el *Milagro de la víbora, el Bautismo de San Pablo, la Conversión de San Pablo, la Predicación de San Pablo y el Martirio de San Pablo.* Cuatro de estos dibujos fueron publicados, desconociéndose solamente el que representa la *Conversión.* En los arcos de las lancetas se dibujaron inscripciones en latín relacionadas con el tema representado. Estas inscripciones se han conservado.

El Milagro de la víbora recoge el momento en el que, tras llegar a la isla de Malta después de un naufragio, es mordido por una víbora cuando estaba recogiendo leña, sin que le afectara su veneno. Feuerstein representa a San Pablo de pie en primer lugar con la víbora cayendo en el fuego, que estaban preparando, y detrás tres lugareños asombrados por el hecho, siendo considerado este episodio como un milagro.

Inscripción: *PAULUS EXCUTIENS VIPERAM NIHIL MALI PASSUS EST* (Pablo sacudiendo de sí la víbora, no sufrió daño alguno).

El siguiente dibujo representa el *Bautismo de San Pablo,* cuando, tras quedar ciego en el camino de Damasco, el sacerdote Ananías le impone en su casa las manos sobre su cabeza, informándole que Jesús le había enviado para que recobrara la vista y se llenara del Espíritu Santo, que aparece en una nube en el ángulo de la lanceta. En el dibujo San Pablo está sentado y detrás está Ananías imponiéndole las manos sobre su cabeza; en lo alto está el Espíritu Santo, que le lanza sus rayos como lo hizo en Pentecostés sobre la Virgen y los apóstoles, para que expandieran su doctrina.

Inscripción: *DOMINUS MISIT ME UT IMPLEARIS SPIRITU SANCTO* (El señor me ha enviado para que seas lleno del Espíritu Santo).

A continuación, se halla el dibujo de la *Conversión de San Pablo,* cuando iba por el Camino de Damasco persiguiendo a los cristianos, y se le apareció Cristo, cayendo del caballo. A partir de ese momento, deja de perseguir a los cristianos y se convierte en seguidor de Cristo. Desconocemos el dibujo original, pero lo podemos saber por la imagen del *Manuscrito* inédito de las obras realizadas en la iglesia por la Sra. Ventura Terrado. Representa al apóstol de los gentiles arrodillado en el suelo en primer lugar, detrás los soldados que le acompañaban, la cabeza del caballo, y en lo alto el busto de un Cristo mayestático.

Inscripción: *AUDIVIT VOCEM DICENTEM: SAULE QUID ME PERSEGUERIS* (Escuchó una voz que le decía a Saulo, por qué me persigues).

El cuarto dibujo representa la *Predicación de San Pablo* en el Areópago de Atenas. San Pablo se halla de pie sobre unas escalinatas con la mano derecha alzada rodeado de los atenienses, a los que está predicando. Detrás se ve la silueta de uno de los templos de la Colina de Ares, que le da nombre.

Inscripción: *ATHENIENSES: QUID IGNORANTES COLITIS ANNUNTIO VOBIS* (Varones atenienses: os vengo a anunciar al Dios desconocido).

El quinto de los dibujos está dedicado al *Martirio de San Pablo*, que algunos textos lo sitúan en la ciudad de Roma, donde fue decapitado. La escena representa al apóstol arrodillado, orando con la cabeza agachada y las manos unidas, y al verdugo detrás, alzando la espada con la que le va a cortar la cabeza. Al lado, dos soldados romanos contemplan impávidos la escena, mientras que en un balcón dos de sus seguidores muestran su dolor.

Inscripción: *BONUM CERTAMEN CERTAVI: CURSUM CONSUMMAVI* (He reñido una gran batalla, mas he llegado al término de mi carrera).

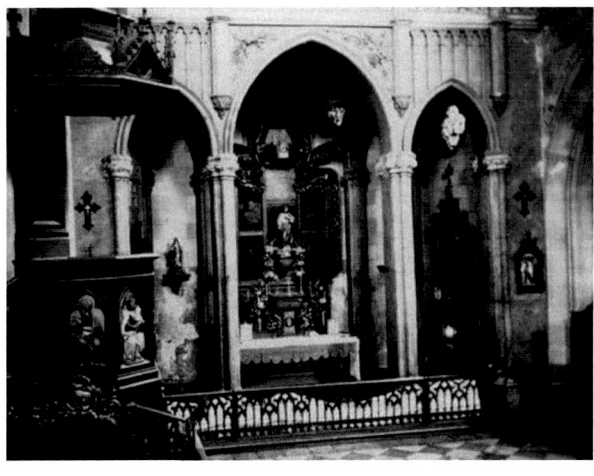

La Capilla del Sagrario de la iglesia de San Pablo con la imagen del Sagrado Corazón, donada por el obispo Manuel Gómez de Salazar y ubicada inicialmente en la Capilla del Sagrado Corazón de la Catedral. Fotografía anterior a 1931.

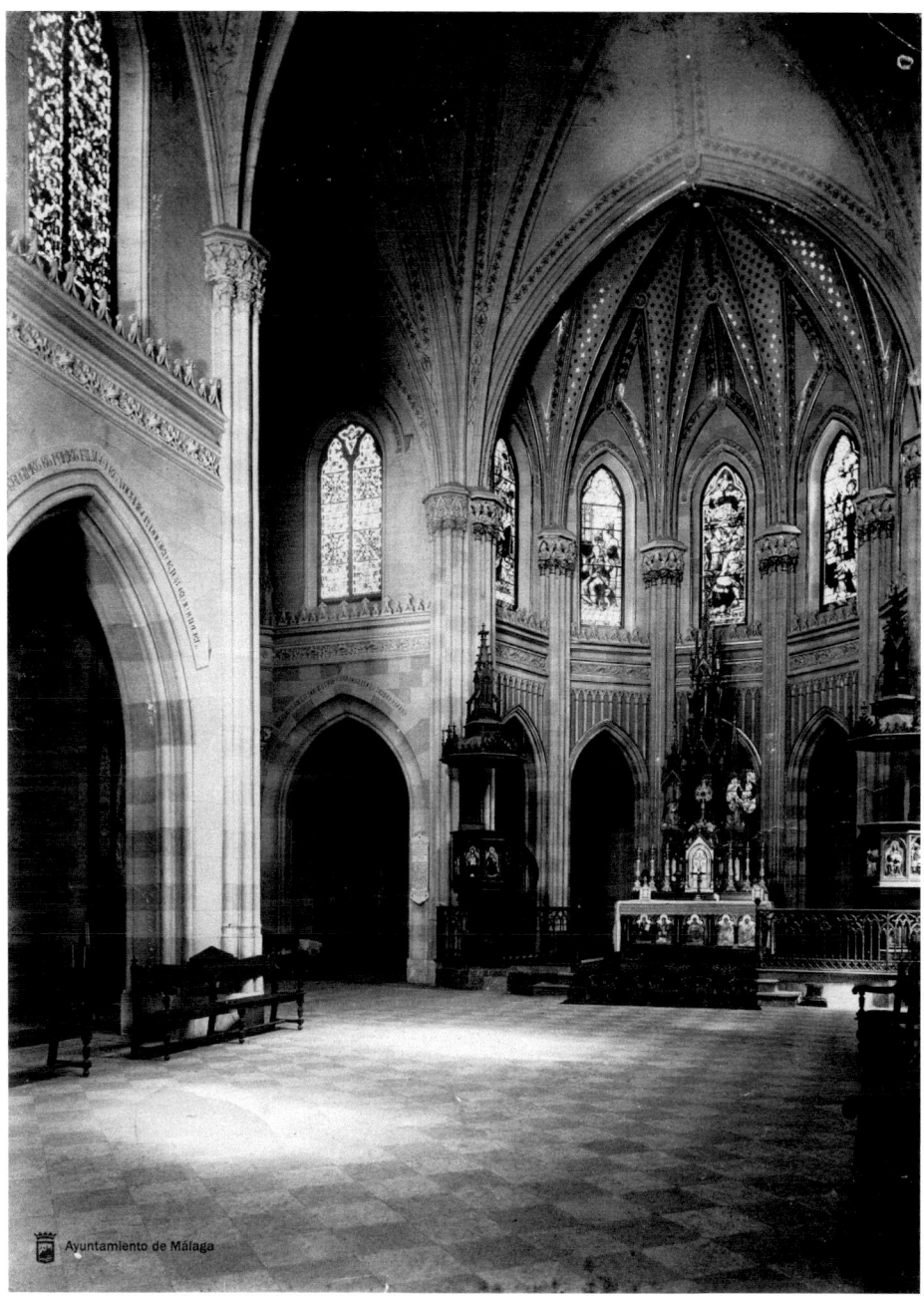

Perspectiva de la nave central y presbiterio de la iglesia de San Pablo, donde se pueden ver las vidrieras sobre la vida de San Pablo y otras dos vidrieras decorativas de la Casa Mayer. También se pueden contemplar el tabernáculo, los dos púlpitos y la reja. Archivo Municipal de Málaga.

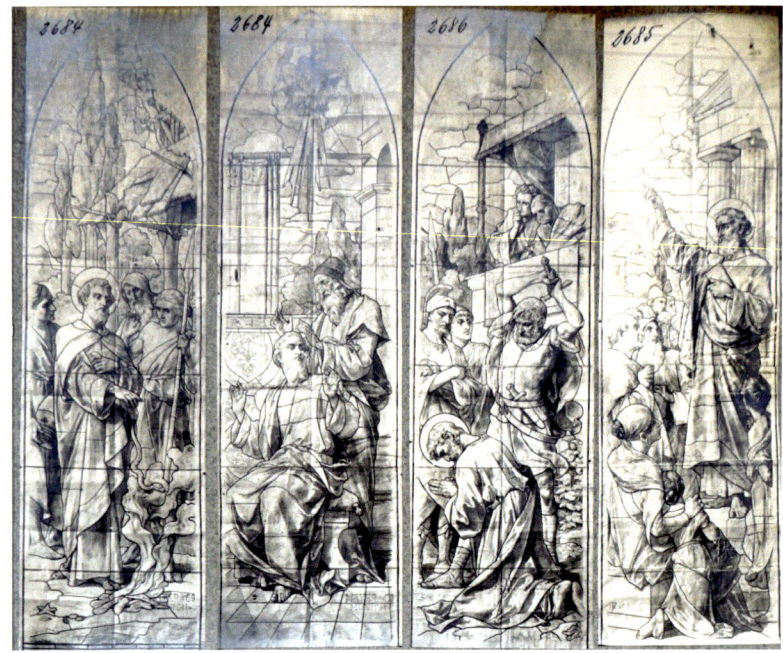

Dibujos del pintor Martin von Feuerstein (1856–1931) sobre la vida de San Pablo, utilizados para la realización de las vidrieras del presbiterio de la iglesia de San Pablo de Málaga. Archivo Casa Mayer.

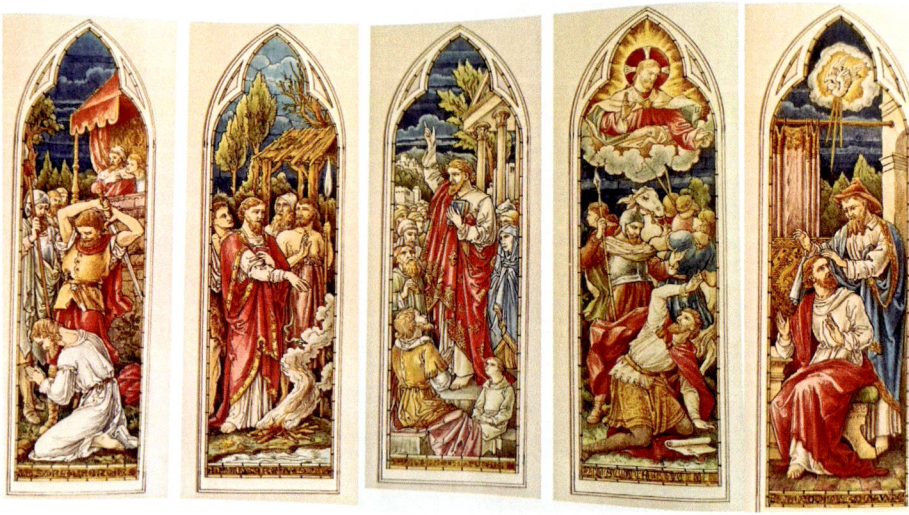

Dibujos de las vidrieras con las cinco escenas de la vida de San Pablo: Martirio, Milagro de la víbora, Predicación, Conversión y Bautismo. Manuscrito del álbum de la iglesia de San Pablo. Archivo Diocesano de Málaga.

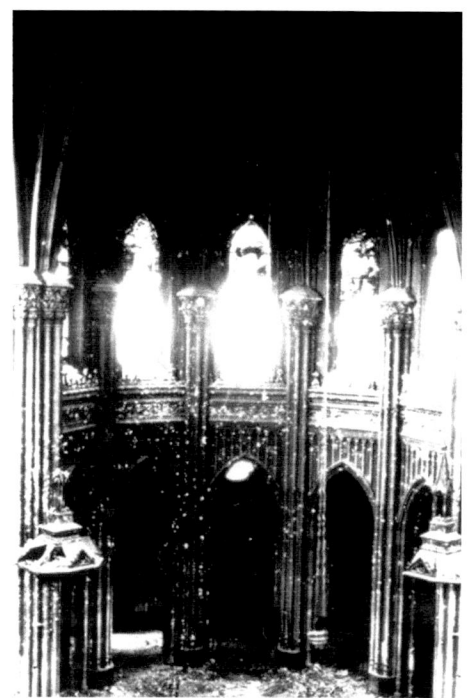
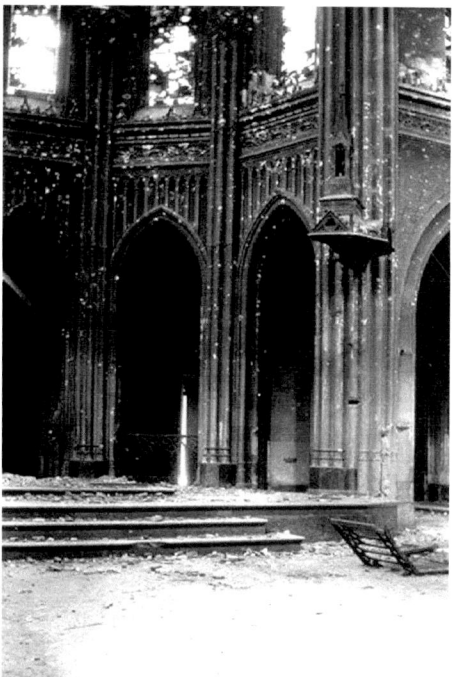
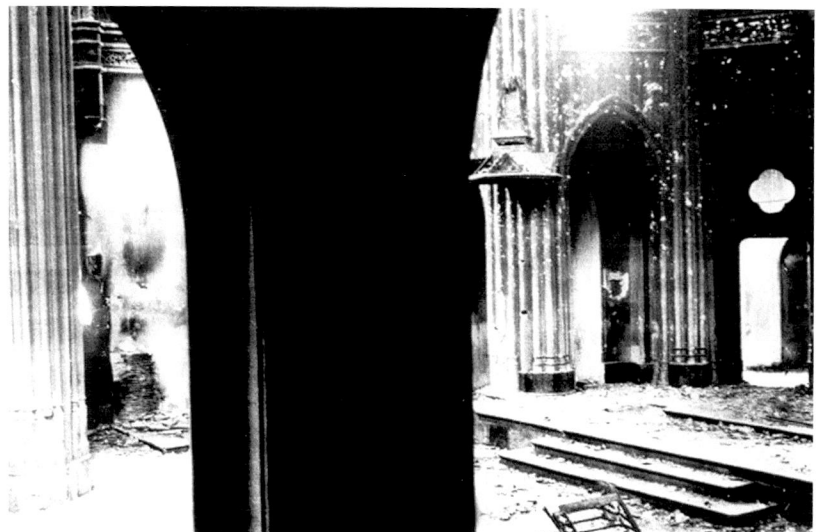

Estado en el quedó la iglesia de San Pablo tras el incendio y la destrucción de mayo del año 1931.
Archivo Municipal de Málaga.

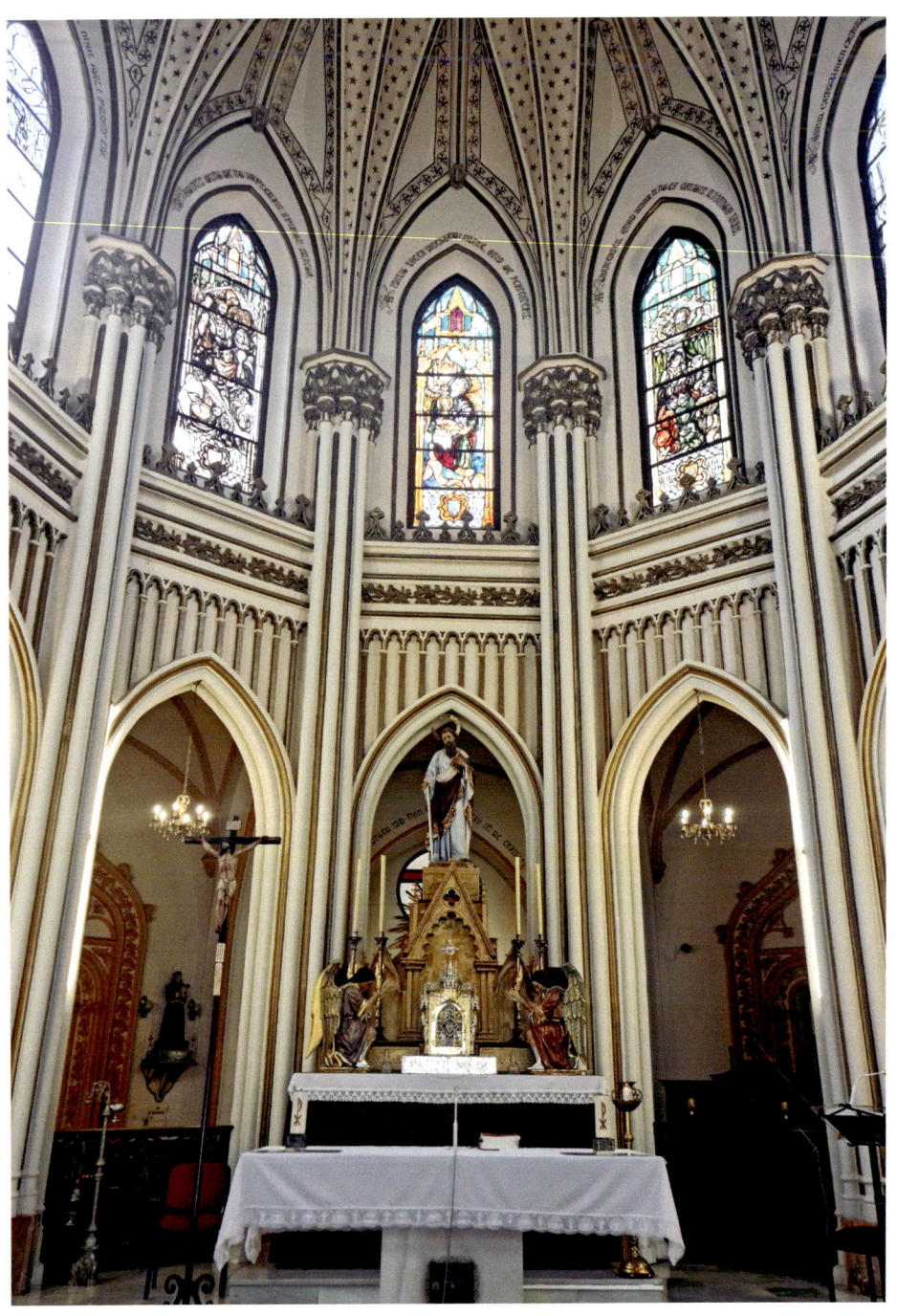

Presbiterio de la iglesia de San Pablo en la actualidad, con vidrieras sustituidas por cristales pintados.

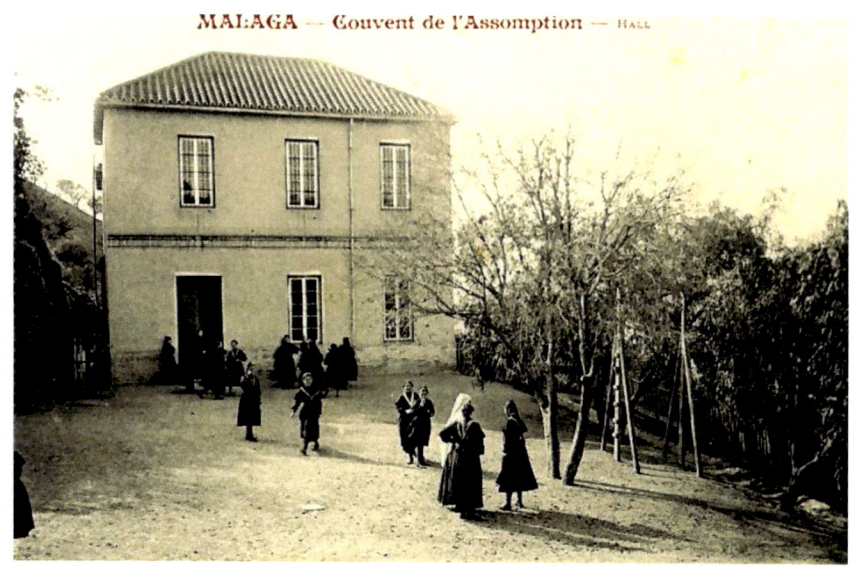

Grupo de niñas delante del Colegio de la Asunción en Barcenillas.

El tercer conjunto de vidrieras de la Casa Mayer en Málaga estaba ubicado en la **capilla del Colegio de la Asunción**, localizado en lo que fue la Hacienda de Barcenillas, donde vivía el pintor Bernardo Ferrándiz (1835-1885). No sabemos si Ferrándiz habitó en la Hacienda hasta el año de su muerte, ya que un documento del Archivo Histórico Provincial de Málaga, leg. 5381, fols. 2426-2435, otorga su propiedad en el año 1882 a tres damas inglesas, una de las cuales era la superiora del Convento del Colegio de la Asunción (Ramos, 1999: 195). El colegio pertenecía a la orden francesa de las Agustinas de la Asunción (Jiménez, 2006: 55).

El Colegio de la Asunción estaba ubicado originalmente en la calle de la Compañía, donde con posterioridad se va a construir la iglesia del Sagrado Corazón. Este colegio se cierra en 1868, y vuelve a reabrirse en los años 80 en la nueva localización de la Hacienda Barcenillas, situada en la falda septentrional del Monte de Gibralfaro. Una de las obras más importantes realizada por las monjas de la Asunción fue la construcción de la capilla, de la que se conservan fotos de su exterior, así como del interior antes y después del incendio del año 1931.

La noche del 11 de mayo de 1931 el gobernador de Málaga Sr. Mapelli había logrado impedir que las turbas entraran en el colegio. El cónsul de Francia le había pedido que se protegiera esta institución. No obstante, la tarde del día 12 varios grupos se introdujeron en el convento, que había sido desalojado por las monjas y las alumnas, siendo saqueado e incendiado, quedando únicamente los muros calcinados del edificio (Escolar, 1931: 60).

La capilla se consideraba una de las más bellas construcciones de la orden y estaba adornada con cinco vidrieras en forma de lanceta y dos vidrieras redondas, instaladas entre 1892 y 1896. Dos de las vidrieras representaban a la Virgen Dolorosa y un San Juan, una vidriera redonda tenía la figura de un Cristo mayestático; la otra vidriera contenía las imágenes de San José y de Santa Inés, y otras tres vidrieras las de Santa Amalia, San Carlos Borromeo y San Jorge. En la fachada había un rosetón decorativo. La dedicación de una de las vidrieras a Santa Amalia se debe a que Amalia Heredia Livermore intervino activamente junto a su hermano Tomás Heredia Livermore en la construcción tanto del colegio como de la capilla, proyectada en estilo neogótico por el arquitecto Manuel Rivera Valentín. Las obras iniciadas en 1891 fueron presupuestadas en 46.000 pesetas, que no incluirían su equipamiento. Su historia constructiva parece muy similar a la iglesia de San Pablo. La capilla fue decorada con obras de arte realizadas por artistas malagueños, destacando el retablo mayor, ejecutado por el escultor José Casasola (Ramos, 1999: 202), que estaba rematado por el grupo de la Asunción, obra de Antonio Casasola. De este altorrelieve se conserva una fotografía en propiedad privada.

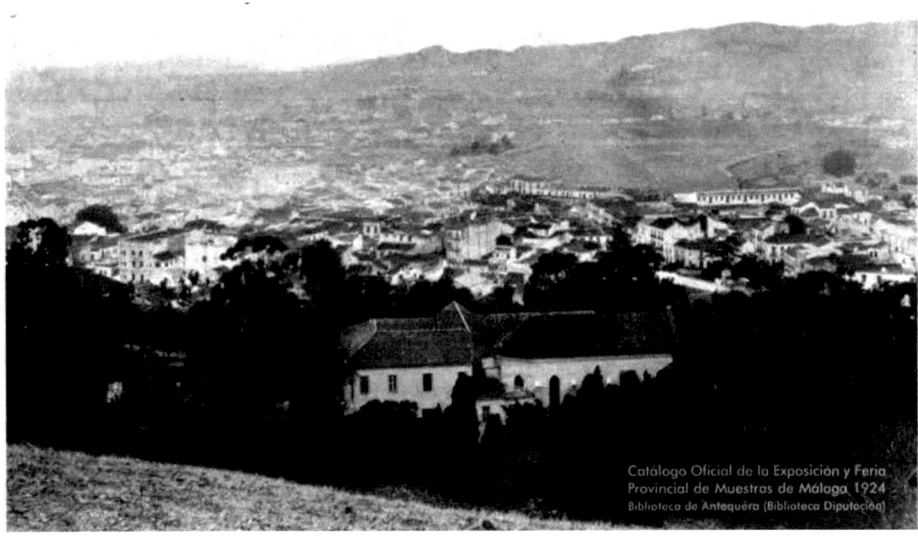

Exterior de la Capilla del Colegio de la Asunción de Málaga con el barrio de la Victoria al fondo.

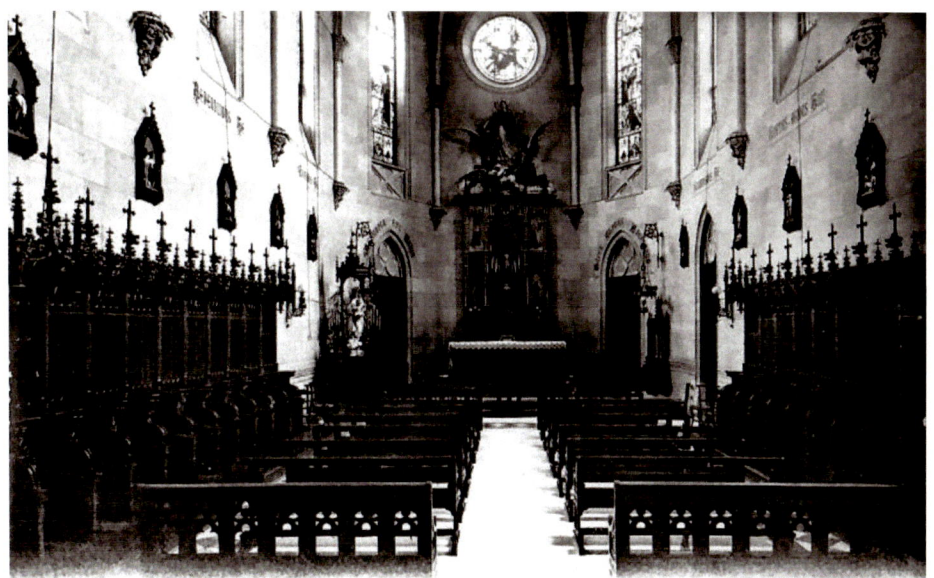

MALAGA — Couvent de l'Assomption — CHAPELLE

Interior de la capilla donde se pueden ver las vidrieras en forma de lanceta, la vidriera redonda que representa a Cristo y el retablo mayor rematado por el grupo de la Asunción. Archivo Colegio de la Asunción de Madrid.

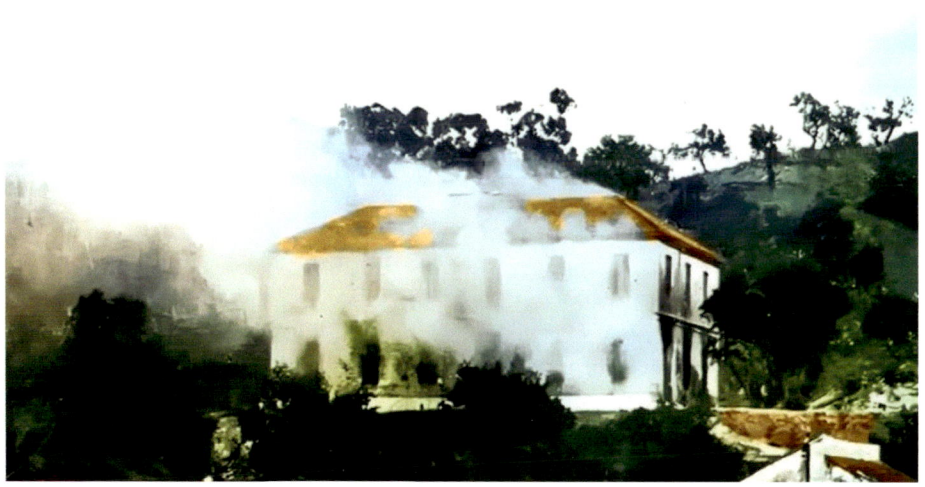

El Colegio de la Asunción ardiendo el 12 de mayo de 1931.

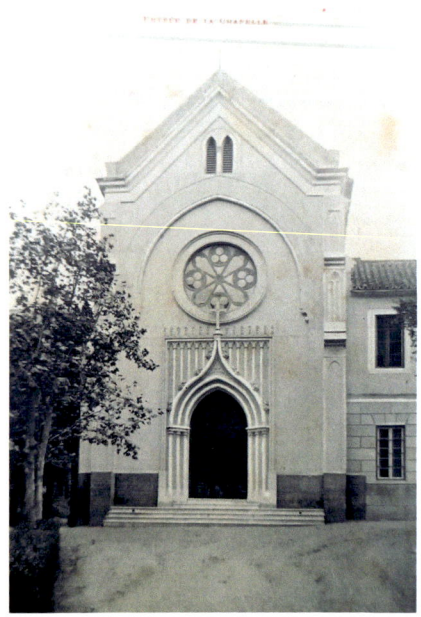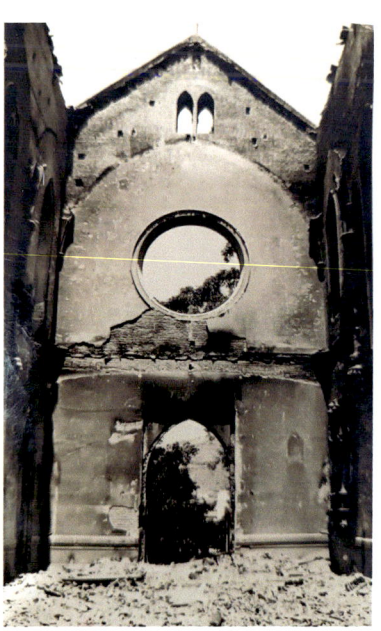

A la izquierda, fachada de la capilla con rosetón decorativo. A la derecha, interior de la fachada tras el incendio. Archivo Colegio de la Asunción.

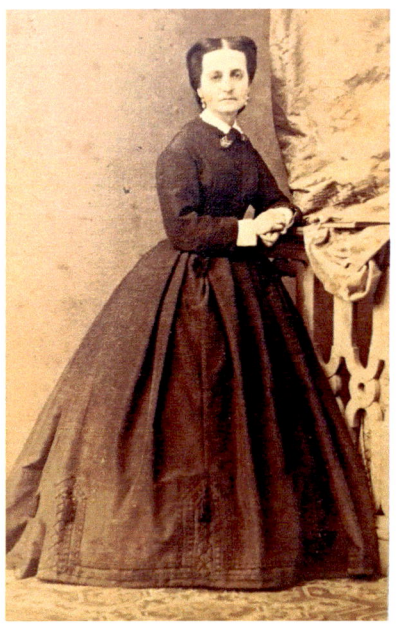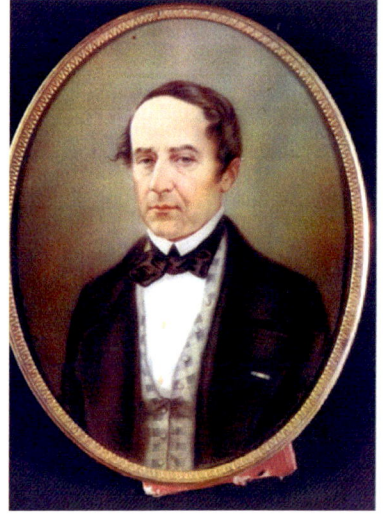

A la izquierda, Amalia Heredia Livermore (1830-1902). A la derecha, Tomás Heredia Livermore (1819-1893).

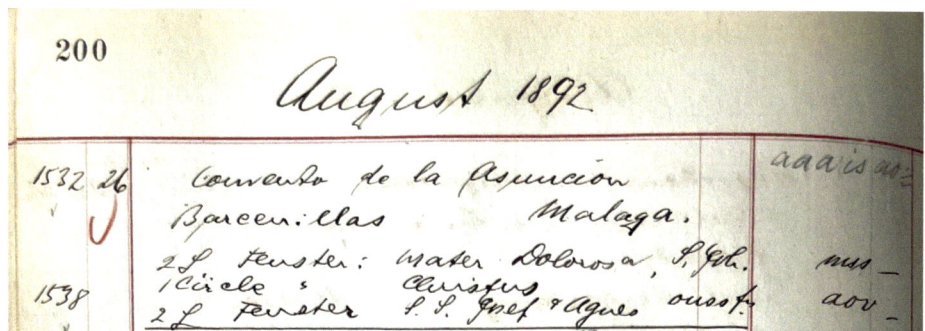

Libro de envíos de la Casa Mayer, Colegio de la Asunción, 26 agosto 1892.
1 vidriera con Mater Dolorosa y San Juan
1 vidriera redonda con Cristo
1 vidriera con San José y Santa Inés.

Libro de envíos de la Casa Mayer, Colegio de la Asunción, 29 febrero 1896.
3 vidrieras con Santa Amalia, San Carlos Borromeo y San Jorge.

Irrupción de la Casa Maumejean en Málaga

En el año 1925, tras un concurso público, la realización de las vidrieras de la catedral de Málaga va a ser encargada a la Casa Maumejean, que en España tenía fábricas en Madrid y en San Sebastián. A partir de ese momento la Casa Maumejean va a llevar a cabo la mayor parte de las vidrieras polícromas de los edificios civiles y religiosos de Málaga: Iglesia del Sagrado Corazón de los jesuitas, Capilla del Colegio San Estanislao de Kostka de los jesuitas, Ayuntamiento, Diputación Provincial, Jefatura de Obras del Puerto de Málaga[7], Torre Camarín del Santuario de la Victoria (Morales Folguera, 2024: 275-294), Capilla del Buen Pastor del Seminario de Málaga, y posiblemente la sede de UNICAJA de la Plaza de la Marina, aunque no hay documentación que pueda confirmarlo.

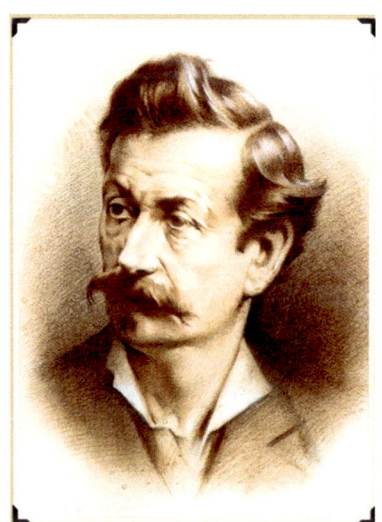

Jules Pierre Maumejean (1837-1909).

....
7   Información facilitada por Francisco Hernando, actual propietario de la Casa Maumejean.

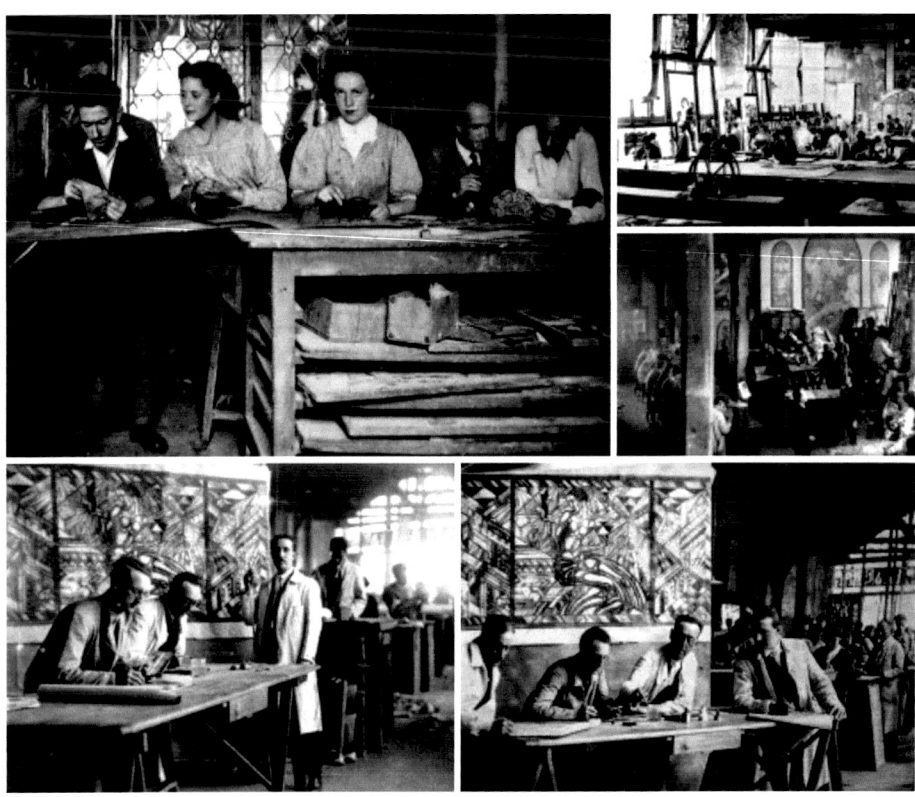

Talleres de la Casa Maumejean. Archivo Casa Maumejean.

La Casa de vidrieras Maumejean fue fundada por Jules Pierre Maumejean. En el año 1860 en la ciudad de Pau, capital del Departamento de los Pirineos Atlánticos, crea su primer taller en la calle Montpensier, en la casa del conde de Barraute, extendiéndose muy pronto a Anglet y Biarritz. A partir de 1898 los hermanos Maumejean establecieron talleres estables en Madrid, primero en la calle Abascal y luego en la Castellana, San Sebastián y Barcelona, desde donde van a surtir la importante demanda de vidrieras artísticas tanto de edificios religiosos como civiles de numerosas ciudades. Los tres talleres españoles quedarían unificados en la S. A. Maumejean Hermanos (Hernanz, 2021: 404-474).

La sociedad estaba presidida por el arquitecto José Yarnoz, y el consejo de administración formado por los hermanos Maumejean, Mariano Benlliure y Gabriel Benito de Larrea. Tras la Guerra Civil se hace cargo de la empresa Francisco Hernando Pascual y se traslada a Alcalá de Henares. El nuevo propietario, Francisco Hernando, donó una parte importante de sus fondos a la Fundación Centro Nacional del Vidrio, con sede en el Palacio de la Granja de San Ildefonso, que expone en su museo numerosos bocetos, cartones y obras de pequeño formato (Manautè, 2015).

En el año 1929 recibieron encargos para participar en algunos de los edificios de las Exposiciones Internacionales de Barcelona y de Sevilla, concretamente en el Pabellón Central de la Plaza de España, en el Pabellón Real y en el Palacio de Bellas Artes. En los años 20 y 30 del siglo XX Maumejean jugó un papel importante en la demanda de vidrieras de numerosas órdenes religiosas, que construyeron capillas monasteriales y conventuales en Madrid, Barcelona, Burgos, San Sebastián, Vitoria, Valencia, Cádiz, Córdoba, Sevilla, Málaga y Valladolid. Lo mismo sucede con edificios bancarios de Madrid, San Sebastián, Córdoba, Sevilla y Barcelona, así como con compañías de seguros como la Unión y el Fénix Español, la Compañía Colonial, etc. También recibió encargos de la Casa Real y de la alta burguesía española.

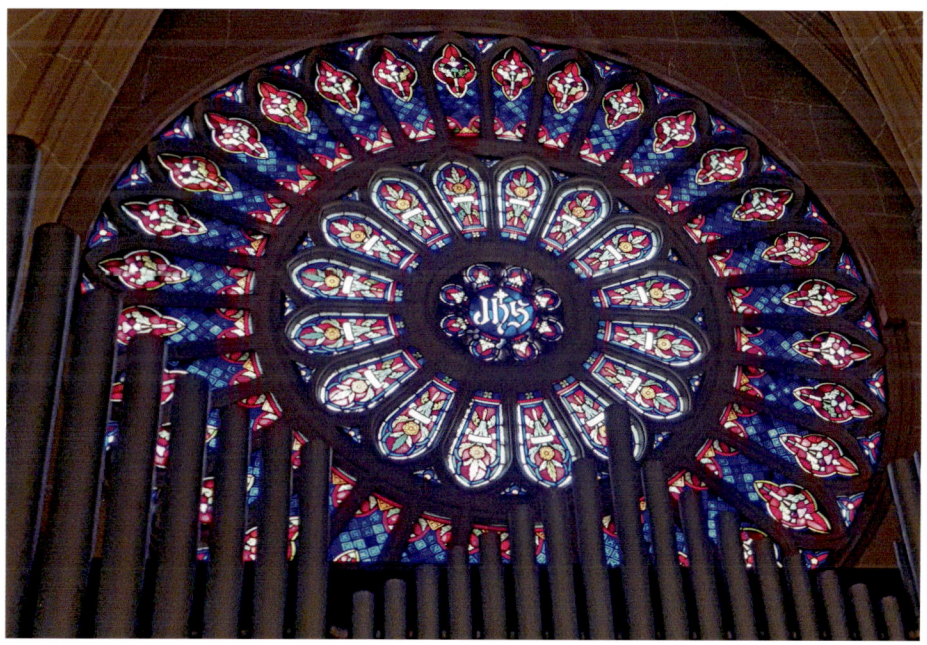

Rosetón decorativo de la iglesia del Sagrado Corazón de Málaga. Casa Maumejean.

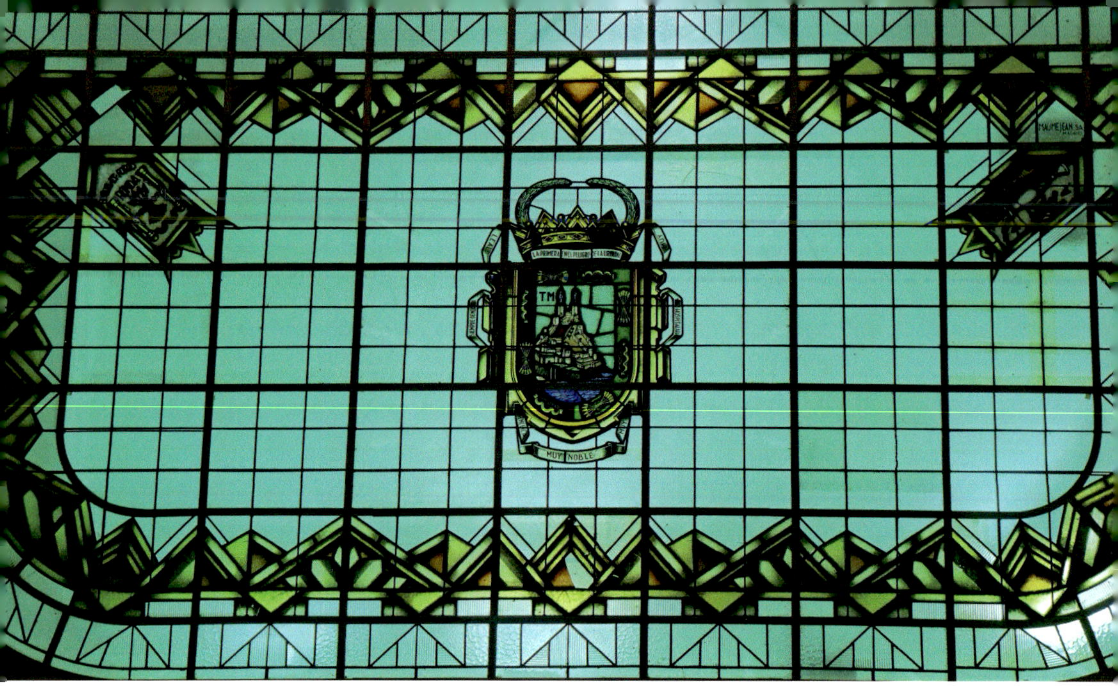

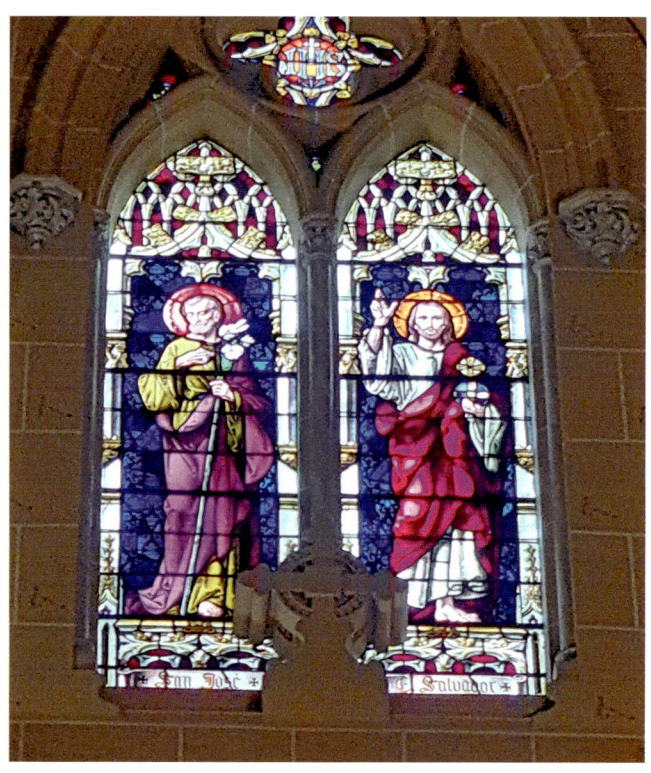

Vidriera del techo de la Escalera principal de la Diputación Provincial de Málaga. Casa Maumejean.

Vidrieras de iglesia del Sagrado Corazón de Málaga. Casa Maumejean.

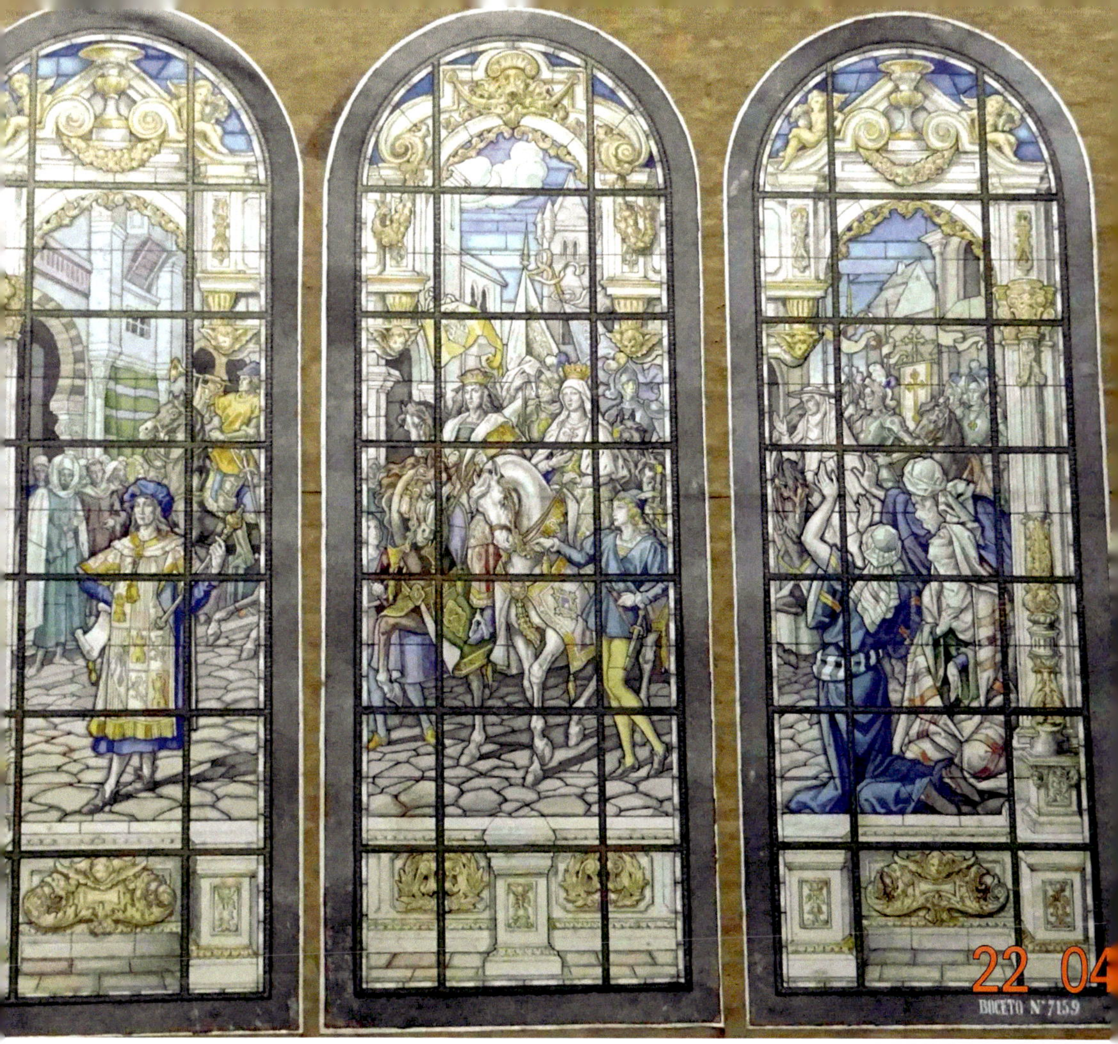

Cartones de la Entrada Triunfal de los Reyes Católicos en Málaga el 19 de agosto de 1487. Archivo Casa Maumejean.

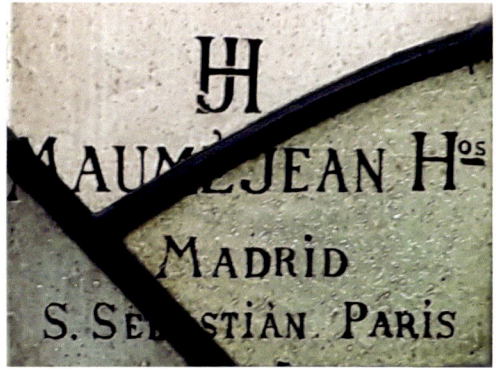

Firma de la Casa Maumejean.

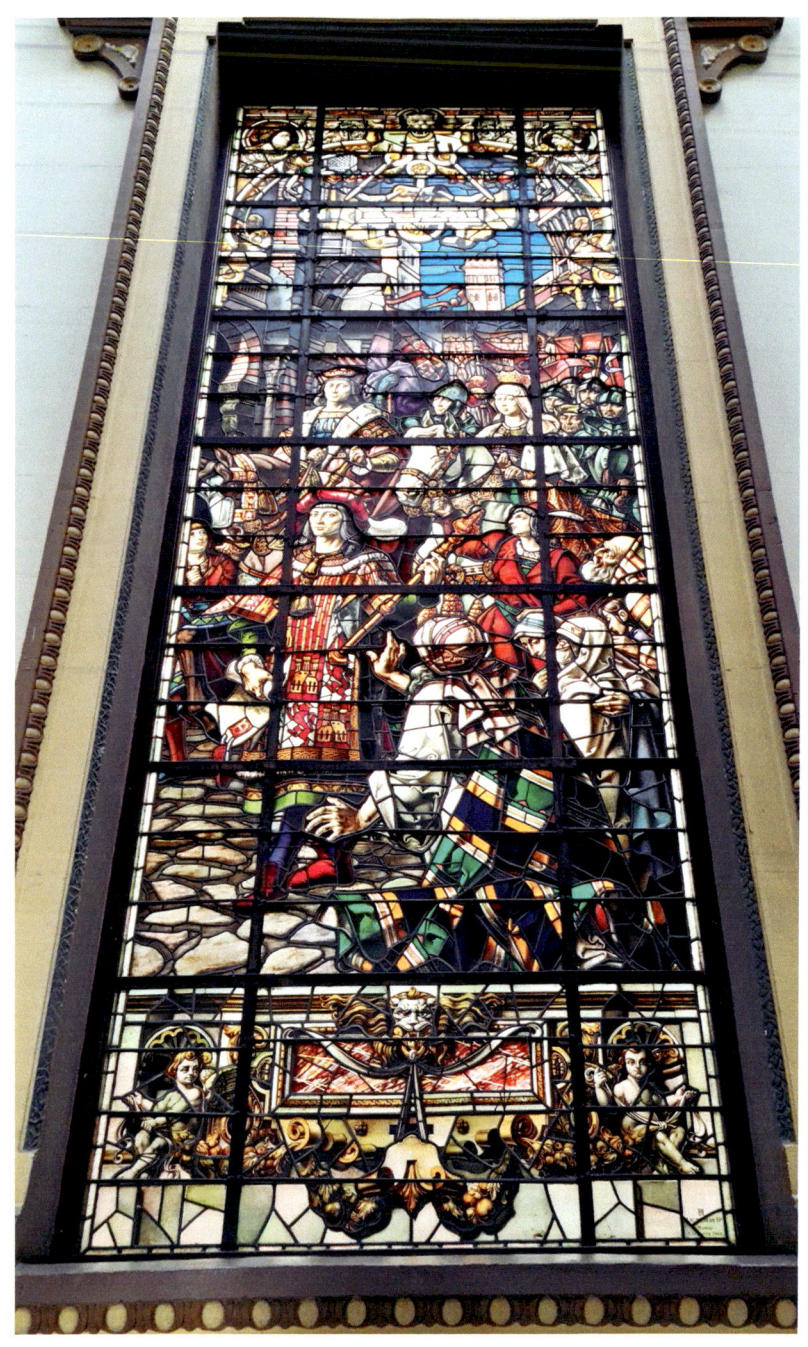

Vidriera de la Entrada Triunfal de los Reyes Católicos en Málaga. Los tres cartones quedaron reducidos a una sola imagen. Escalera Principal del Ayuntamiento de Málaga.

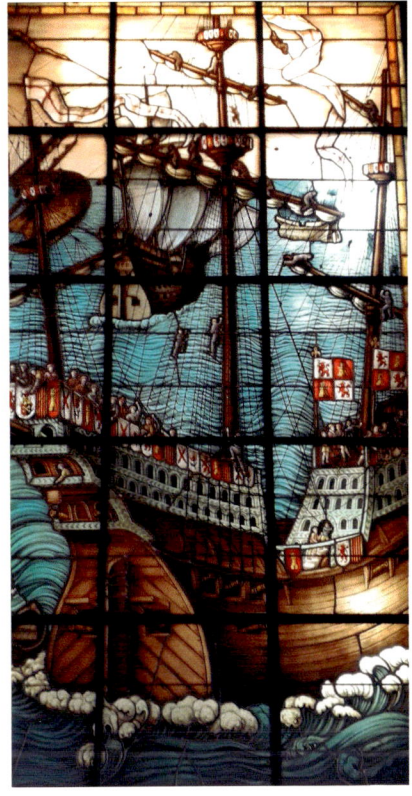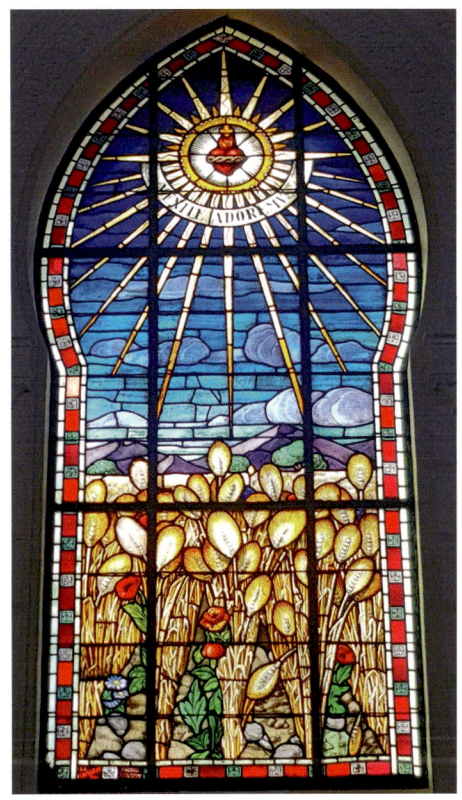

A la izquierda, Real Club Mediterráneo de Málaga. Casa Maumejean. A la derecha, Capilla del Buen Pastor. Seminario Diocesano de Málaga. Casa Maumejean.

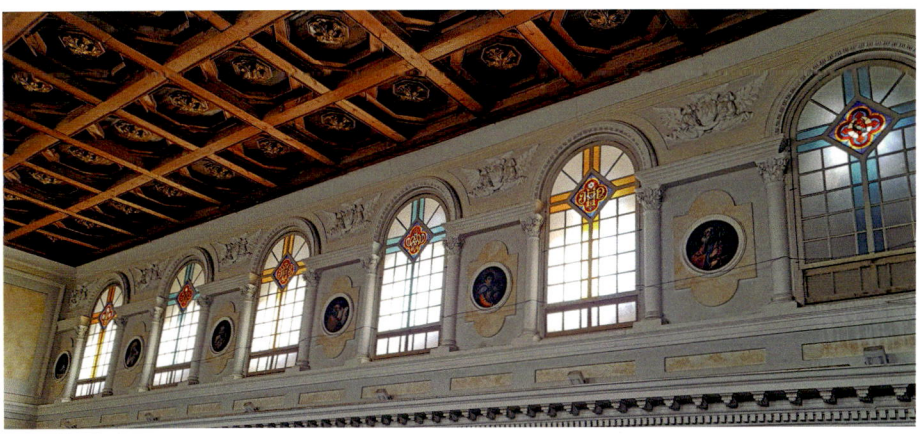

Vidrieras de la Capilla del Colegio de San Estanislao Kostka de Málaga. Casa Maumejean.

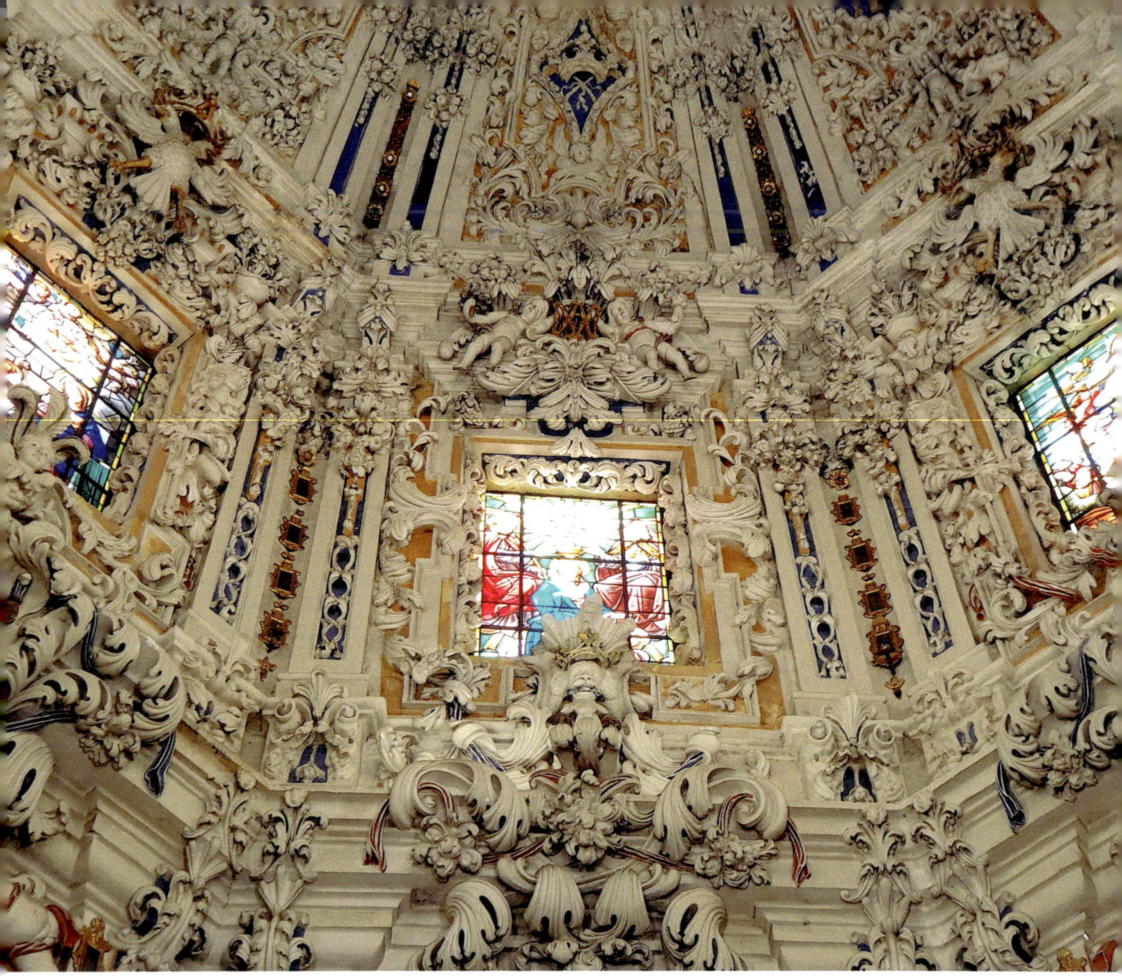

Camarín de la Virgen en el Santuario de la Victoria. Vidrieras Casa Maumejean.

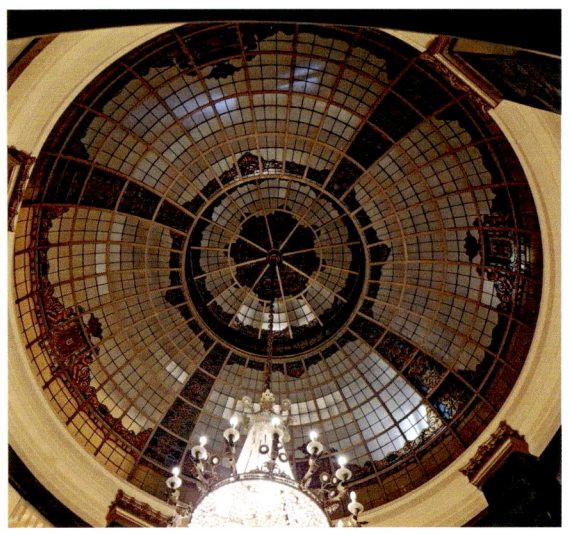

Cúpula del Patio de Operaciones. UNI-CAJA, Plaza de la Marina, Málaga.

Vidrieras de la catedral de Málaga. Análisis iconográfico y formal

Capilla de la Encarnación. Vidrieras costeadas por Tomás Heredia Livermore, 1880

Tomás Heredia Livermore, Caballero Divisero de Tejada, Cónsul de Uruguay, Portugal y del Estado Pontificio, y uno de los mayores industriales y comerciantes de Málaga en su época, costeó en 1880 las vidrieras de esta capilla, que representan la **Encarnación**, advocación de la catedral, y los mártires y patronos de Málaga **San Ciriaco** a la izquierda **y Santa Paula** a la derecha. Sobre la vidriera central de la Encarnación se halla el **escudo de armas** de Tomás Heredia Livermore.

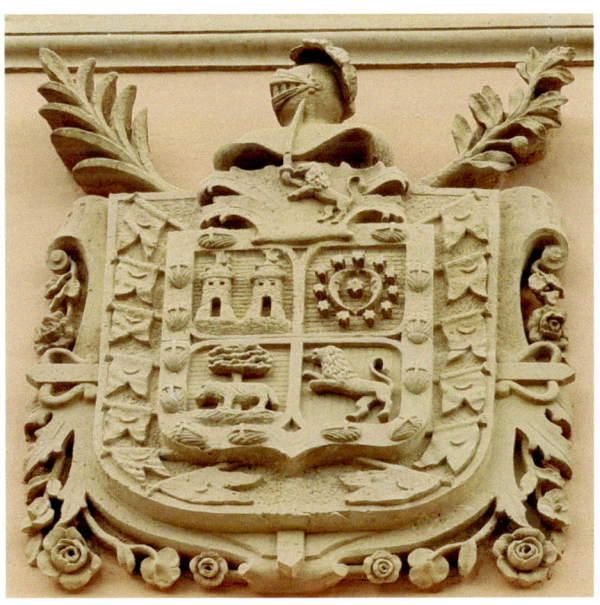

Escudo de armas de Tomás Heredia Livermore (1819-1893), Hacienda Nadales.

En la Iglesia Vieja esta capilla llevaba el nombre de Santiago, aunque nunca estuvo consagrada al patrón de España. El obispo fray Bernardo Manrique, enterrado en ella, constituyó un legado para que el retablo estuviera presidido por una tabla del pintor italiano Cesare Arbasia con el tema de la Anunciación que, cuando se construyó el retablo de mármol en el siglo XVIII, fue trasladada a otras ubicaciones hallándose en la actualidad en la capilla de San José. Este tema iconográfico sería sustituido por el de la Encarnación en el siglo XVIII, a la que se consagró la capilla.

Según Medina Conde (Medina Conde, 1878: 151-152), en 1777 el obispo José Molina Lario solicitó a la Real Academia de Bellas Artes de San Fernando un diseño para el nuevo retablo de la capilla, recibiendo un proyecto de estilo clasicista realizado por Ventura Rodríguez, cuya obra fue dirigida por Antonio Ramos y tras su fallecimiento por José Martín de Aldehuela. Antonio Ponz, en cambio, atribuye el diseño a Juan de Villanueva (Ponz, 1783: 185-186), el arquitecto español más importante del neoclasicismo. Las cuatro columnas fueron

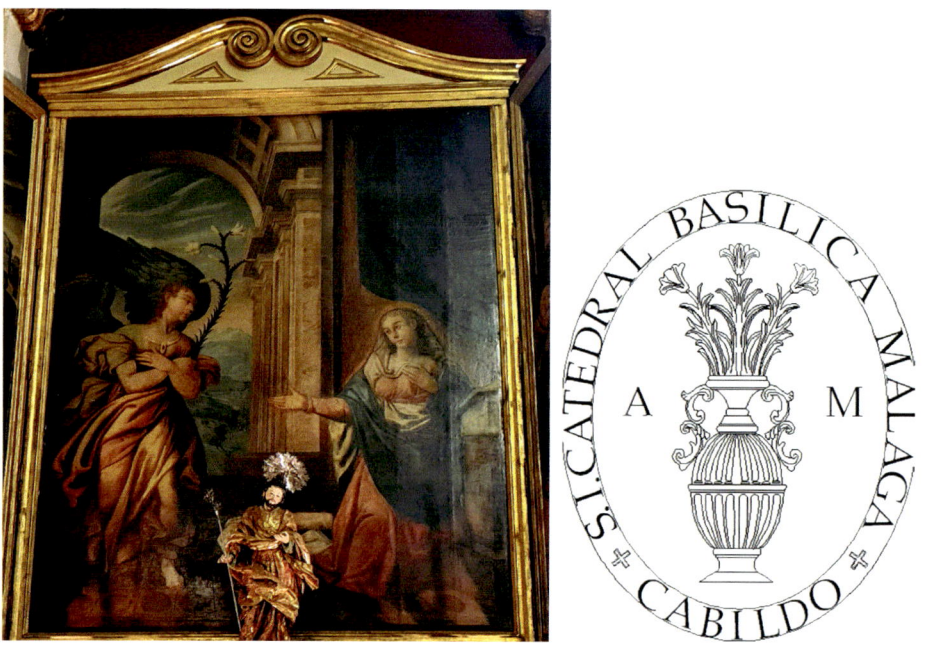

A la izquierda, Cesare Arbasia (1547-1607), Anunciación, 1579-1580. A la derecha, escudo del cabildo catedralicio con el jarrón de azucenas, símbolo de la virginidad de María.

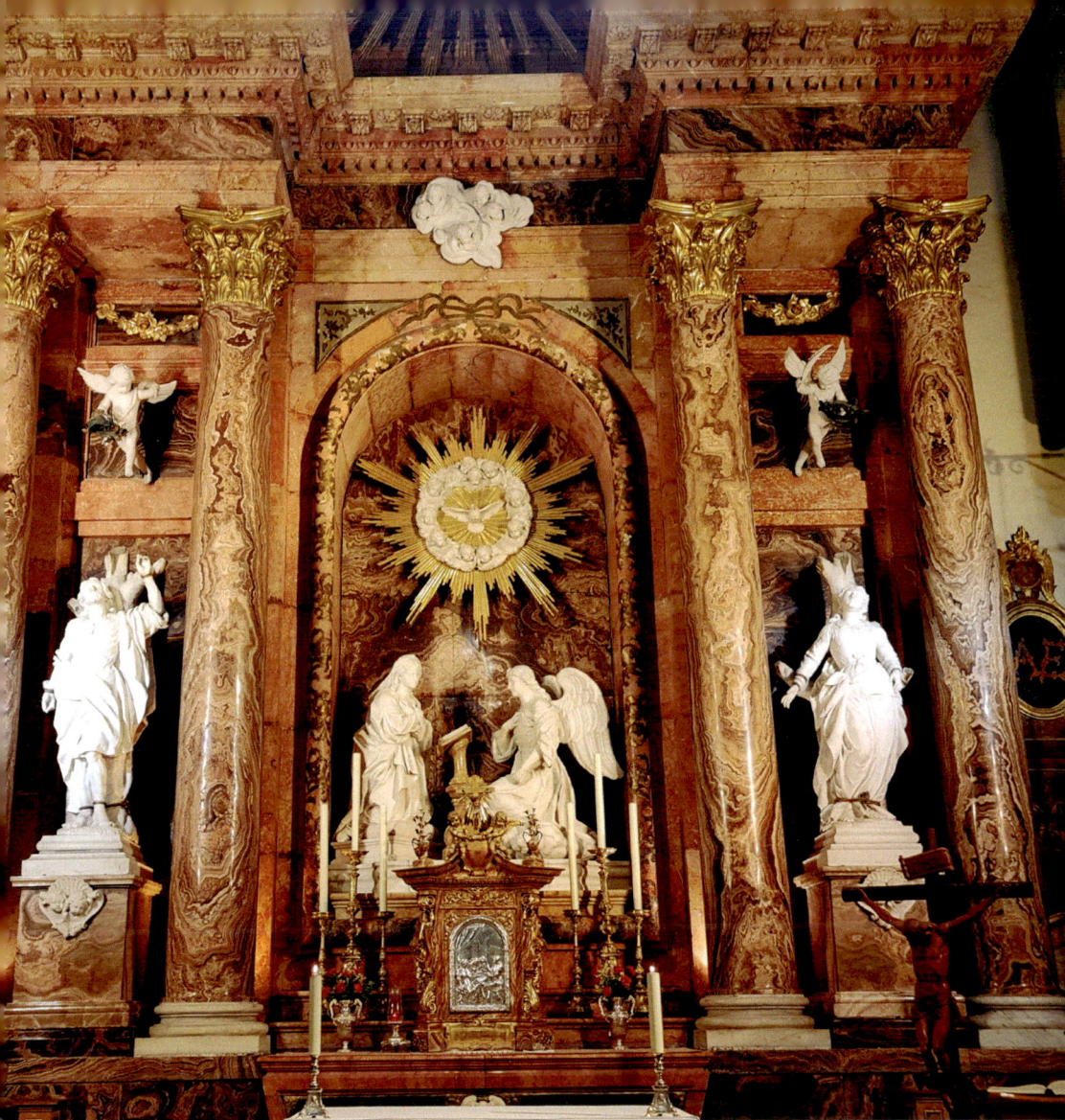

Retablo de la Encarnación con San Ciriaco y Santa Paula a los lados.

realizadas en mármol de Mijas y las esculturas de la Virgen, el arcángel San Gabriel, el Espíritu Santo, los mártires San Ciriaco y Santa Paula y los ángeles fueron ejecutadas en mármol blanco de Génova por el escultor granadino Juan de Salazar (Bolea y Sintas, 1894: 255-256). El tema de la Encarnación y de los mártires se repite en tres altorrelieves ubicados en las portadas de la fachada principal. El de la Encarnación fue realizado por el escultor Fernando Ortiz (Bolea y Sintas, 1894: 212), y los de los mártires por el portugués Clemente Annes Mata de Lobo, ayudado por varios artistas locales entre 1732 y 1733 (Pérez del Campo,

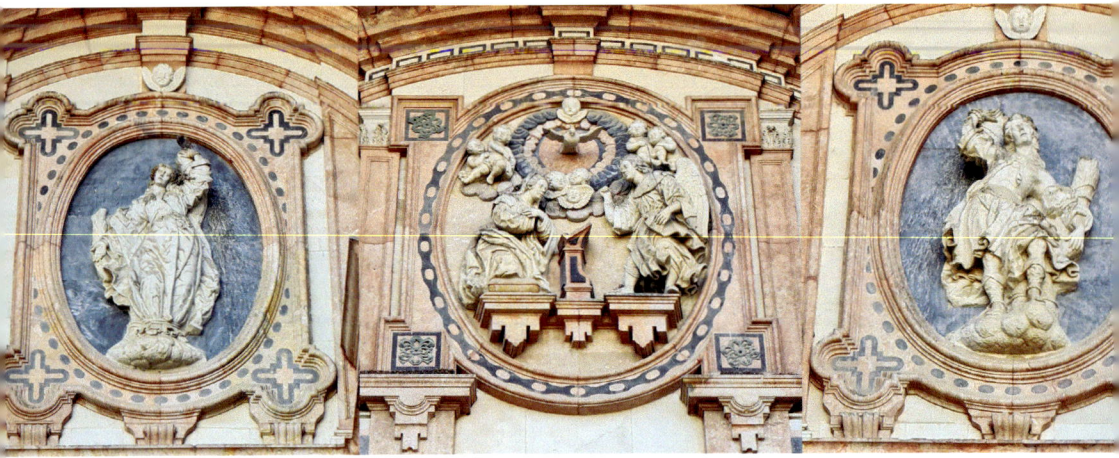

Altorrelieves de la fachada principal con la Encarnación y los mártires a los lados.

1986: 16). Estos son los precedentes iconográficos con los que contaban los pintores muniqueses para la realización de las vidrieras de la capilla. Un dibujo de la Anunciación del Archivo de la Casa Mayer es muy similar a las esculturas de la catedral, aunque en el proyecto definitivo se eliminaron algunos elementos, como, por ejemplo, el escritorio en la vidriera de la Encarnación, presente tanto en la capilla como en la portada principal, y se modificaron de manera significativa las tres escenas. Llama poderosamente la atención el protagonismo del arcángel San Gabriel, ocupando el centro de la composición, mientras María aparece arrodillada en la zona inferior.

Estas vidrieras están invertidas conforme al diseño original, quizás por una decisión del donante o del cabildo catedralicio para cambiar la composición de las vidrieras. Normalmente, en las imágenes de la Encarnación, el ángel siempre está a la izquierda de María. Pero también podría ser que las vidrieras estuvieran instaladas al revés, lo que no es adecuado para la grisalla que se encontraría expuesta al exterior. El diseño de Santa Paula se encuentra en un libro del mismo archivo con otras imágenes de santos. En la zona superior junto al número del diseño aparece el nombre de *Afra*, una santa y mártir de los primeros cristianos de la actual Baviera. Según la tradición, fue atada a un árbol y decapitada.

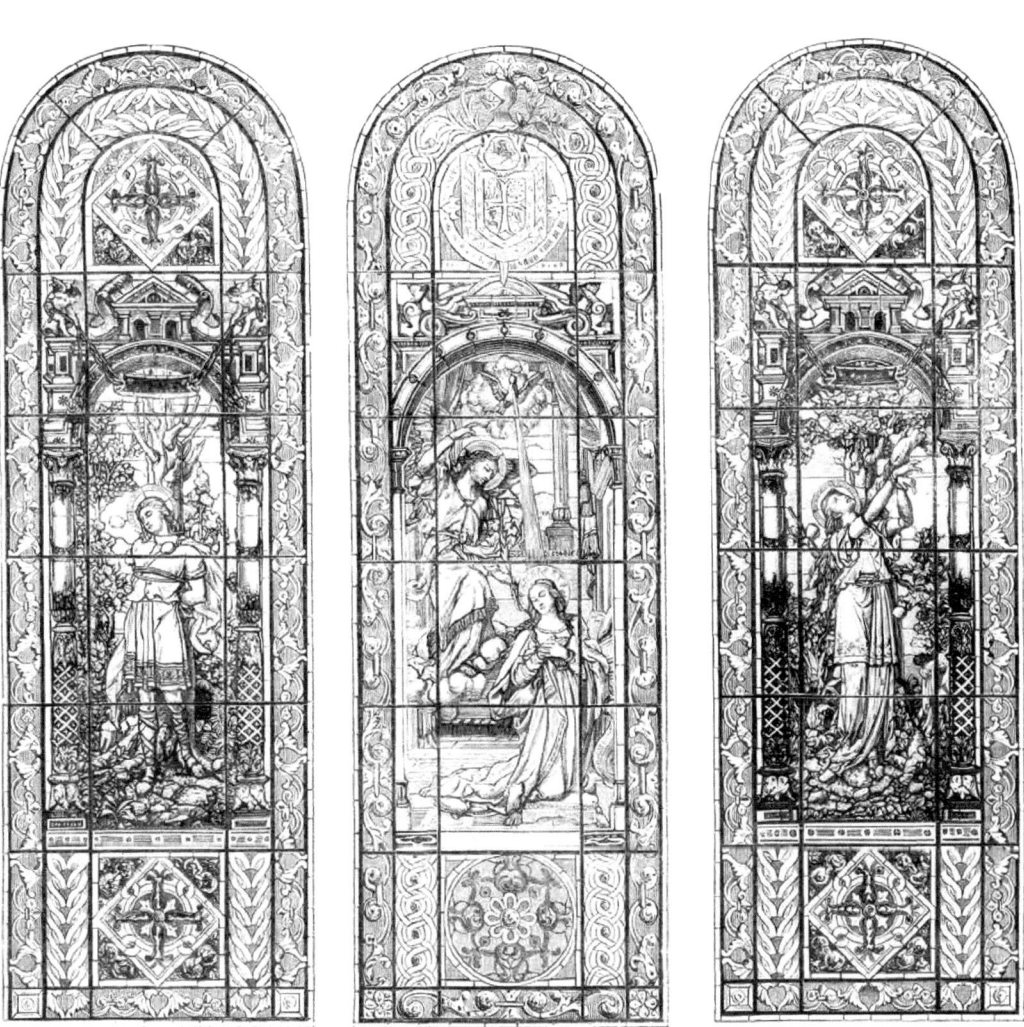

Revista *La Ilustración Española y Americana*, 22 de noviembre de 1880. Dibujos para los cartones de las vidrieras de la Capilla de la Encarnación.

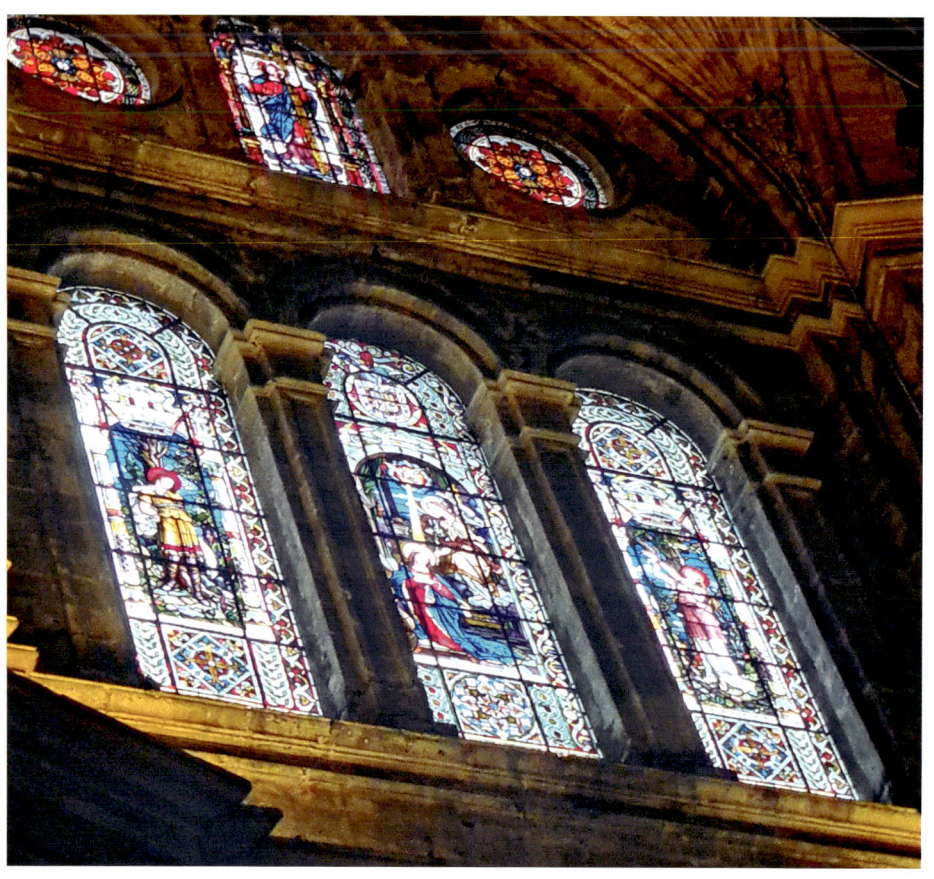

Vidrieras de la Capilla de la Encarnación.

En la zona superior hay dos vidrieras redondas decorativas y la figura **de Cristo Salvator Mundi** con la cruz en la mano izquierda y con la derecha bendiciendo. En el Archivo de la Casa Mayer se conserva un dibujo preparatorio de la vidriera con la imagen de Cristo de pie bendiciendo con la mano derecha y con la izquierda sosteniendo el palo vertical de la cruz. Esta iconografía no se corresponde con la imagen tradicional difundida por Leonardo con el busto de Cristo bendiciendo con la mano derecha. Su imagen corresponde más bien con la de un Cristo resucitado, sosteniendo una gran cruz con la mano izquierda y bendiciendo con la mano derecha. Sólo la inscripción *SALVATOR MUNDI*, ubicada a los pies, nos permite hacer la interpretación iconográfica.

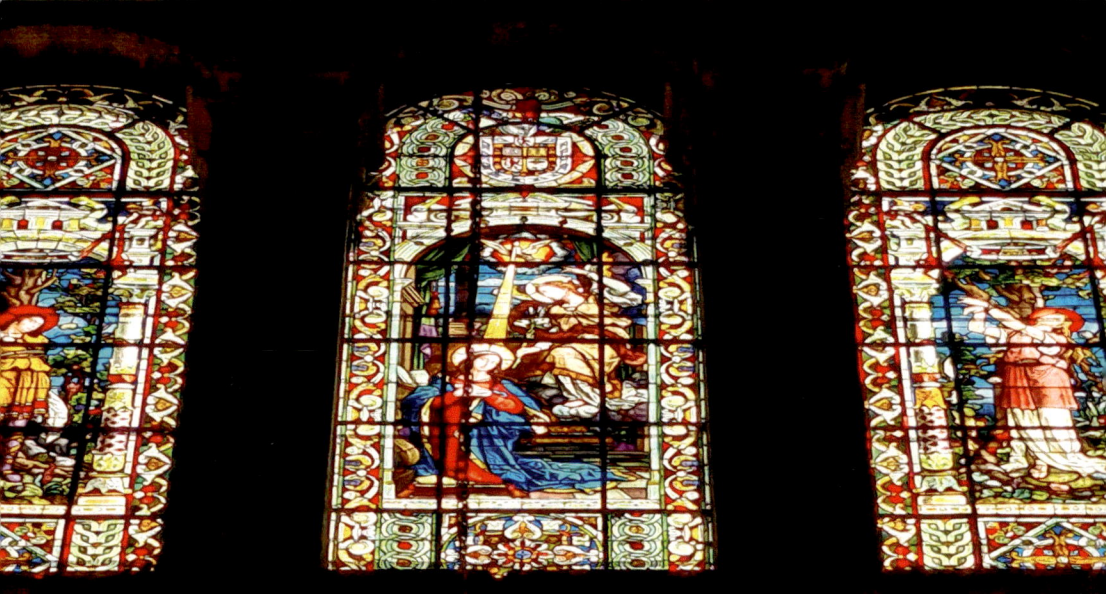

Vidrieras de la Capilla de la Encarnación.

Ese mismo año la Revista *La Ilustración Española y Americana* publicó los dibujos de los tres cartones de las vidrieras de la Encarnación, San Ciriaco y Santa Paula, que fueron enviados por el escritor e historiador malagueño Francisco Guillén Robles.

La Casa Mayer conserva otro dibujo con el tema de la Anunciación, que fue utilizado en 1912 para la vidriera de la iglesia de San Miguel de la ciudad de Chicago, USA, aunque presenta diferencias en la composición, ya que la Virgen está sentada frente a un escritorio, que ha sido eliminado en la vidriera malagueña al igual que el jarrón de azucenas. También carece del rayo que emana del Espíritu Santo, ubicado en la zona superior de la composición. En la vidriera de Chicago se ha eliminado el escritorio y la Virgen está arrodillada y no sentada. Se podría decir que esta vidriera de Chicago se inspiró en el modelo malagueño (Franz Mayer of Munich: 19).

La Casa Mayer también posee el dibujo del cartón con el tema de la Encarnación, representado en Málaga, y asimismo el dibujo del martirio de Santa Paula con las manos elevadas y atadas al árbol de la zona de Martiricos, donde fue martirizada.

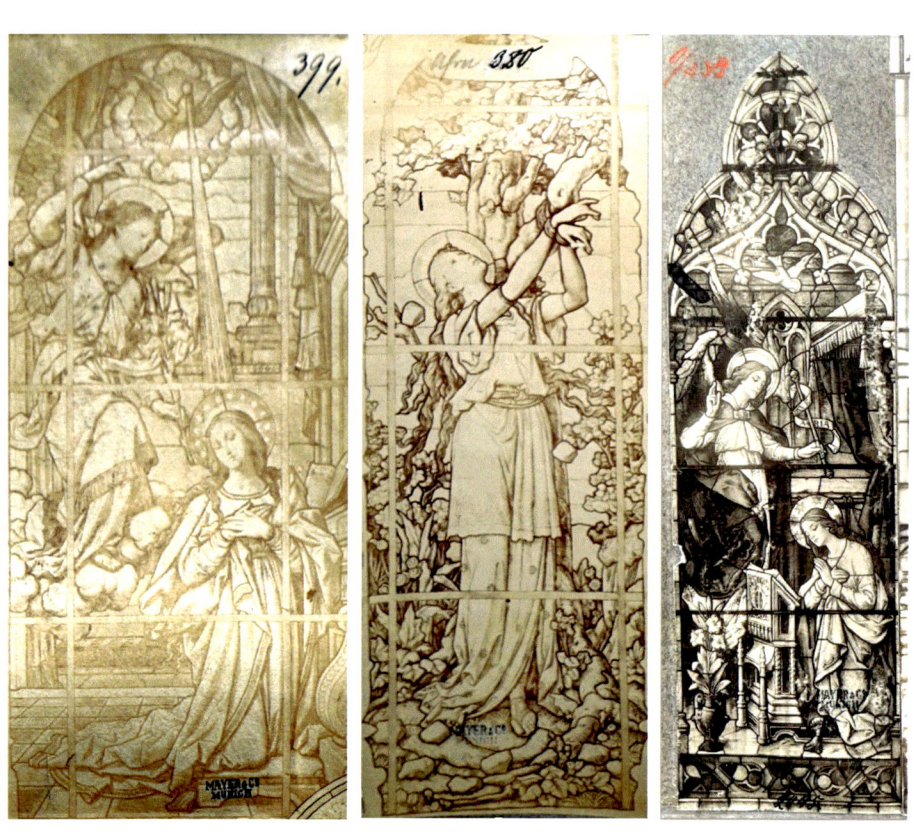

Dos dibujos de la Encarnación y Santa Paula. Anunciación. Casa Mayer.

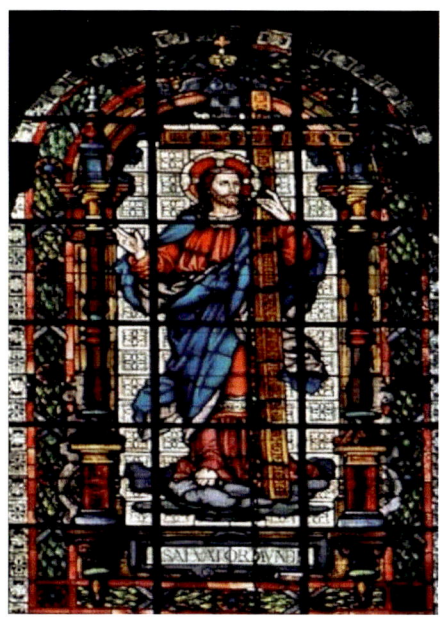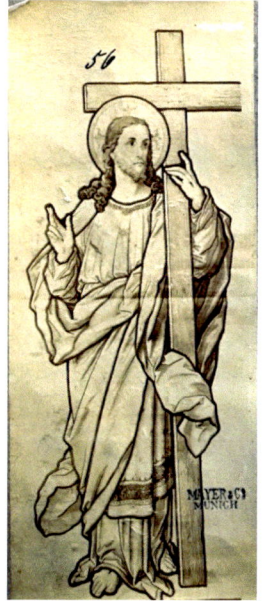

A la izquierda, vidriera de Cristo Salvator Mundi. A la derecha, dibujo del Archivo de la Casa Mayer.

Libro de envíos Casa Mayer, 4 septiembre 1880.
3 vidrieras ornamentales
3 vidrieras de la Encarnación, Santa Paula y San Ciriaco.

Crucero sur. Altar de San Miguel.
Vidrieras costeadas por Carlos Larios Martínez, 1880

Carlos Larios Martínez, Marqués de Guadiaro, Gentil Hombre de Cámara de Su Majestad, Caballero Gran Cruz de la Orden Americana de Isabel la Católica y uno de los comerciantes más importantes de la Málaga del siglo XIX, costeó las vidrieras del crucero sur, donde se encuentra el altar de San Miguel, que debe su nombre a un gran cuadro de este arcángel, obra del pintor malagueño Juan Niño de Guevara, que había estado con anterioridad en la capilla de la Encarnación. El altar fue sufragado por Juan Rufino Cuenca Romero, Arcediano de Ronda y Dignidad de la Catedral.

Los tres vanos principales del testero representan escenas de la **Pasión de Cristo**: **Descendimiento, Crucifixión y Caída de Jesús camino del Calvario**. En la zona superior hay dos vidrieras decorativas y en el centro está la figura del apóstol **San Felipe** con la cruz en la que fue crucificado.

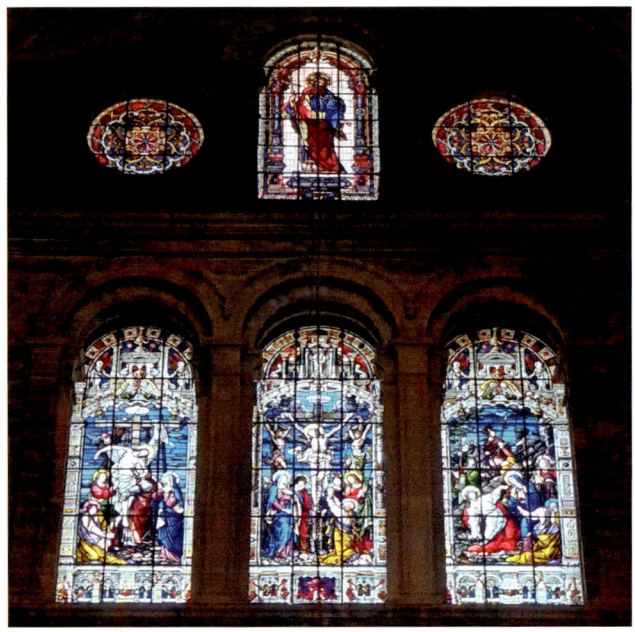

Vidrieras del crucero sur. Temas de la Pasión y San Felipe.

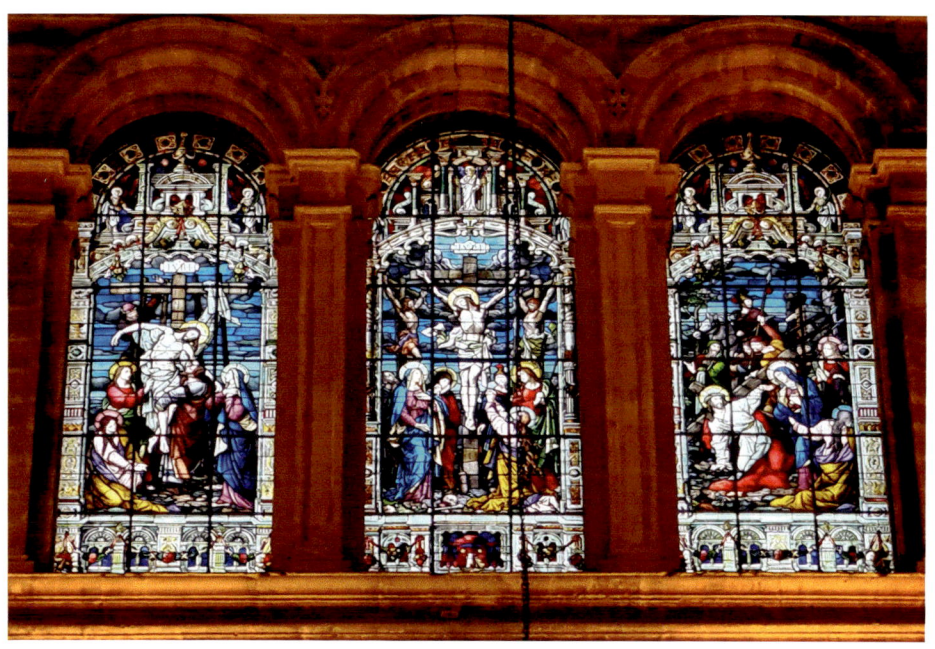

Vidrieras del Descendimiento, Crucifixión y Caída Camino del Calvario.

Las tres vidrieras de la Pasión tienen una gran calidad plástica y poseen una gran expresividad y representan tres de los momentos más dramáticos de los últimos momentos de la vida de Cristo. Esta iconografía y expresividad están próximos a los modelos de Rubens y de la Escuela Barroca Flamenca. La vidriera de la derecha describe una de las caídas de Cristo en el camino del Calvario con Cristo arrodillado, dos esbirros romanos, la Virgen María, las santas mujeres y Simón el Cirineo. Su iconografía se puede relacionar con una obra de Rafael del Museo del Prado. La vidriera central desarrolla el tema de la Crucifixión con Cristo y los dos ladrones, San Juan y la Virgen a la izquierda, María Magdalena arrodillada con los brazos alzados y otros personajes. La vidriera de la izquierda representa el Descendimiento con José de Arimatea bajando el cuerpo de Cristo de la cruz, que es recibido por Nicodemo, a los lados San Juan y la Virgen, y María Magdalena arrodillada en el ángulo izquierdo.

La Casa Mayer conserva los dibujos de los cartones de las vidrieras principales de la capilla con las tres escenas de la Pasión de Cristo.

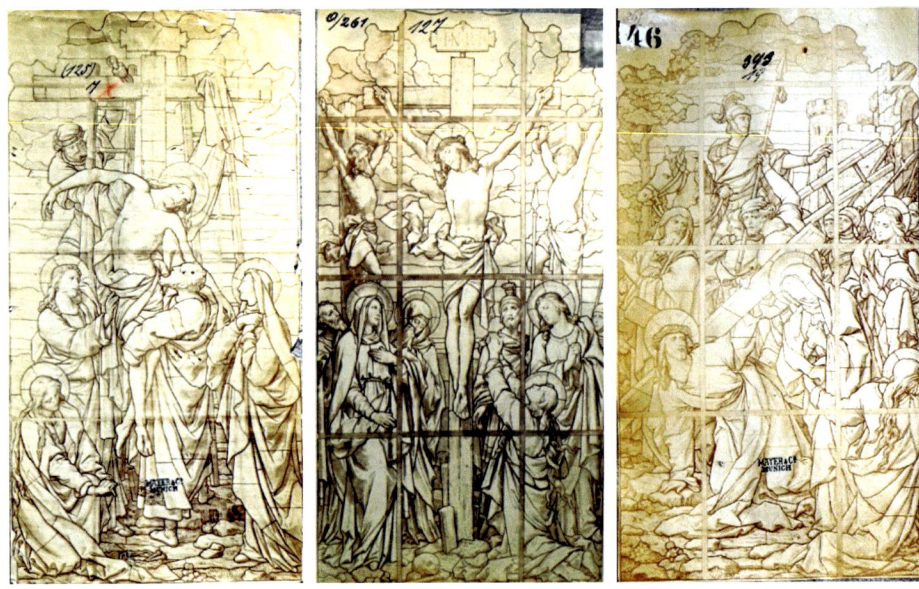

Fotos de los dibujos de los cartones. Archivo Casa Mayer.

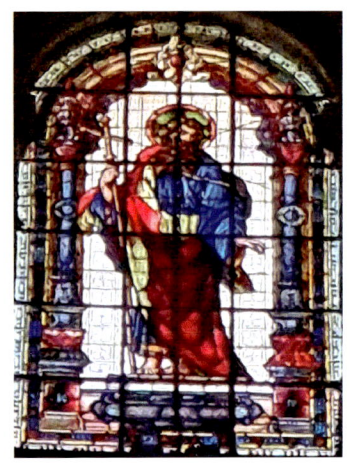

San Felipe apóstol.

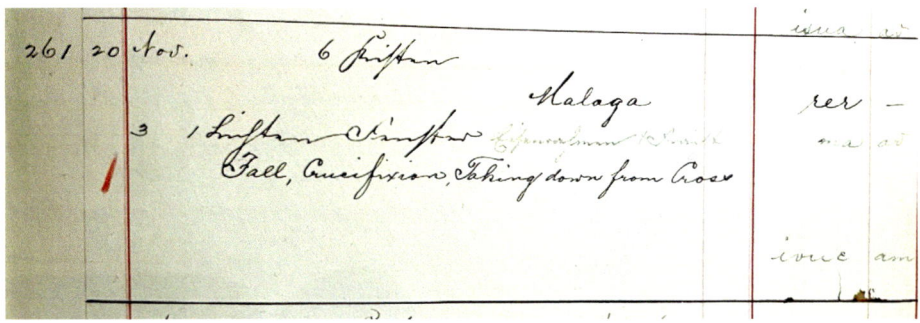

Libro de envíos Casa Mayer, 20 noviembre 1880.
3 vidrieras: Descendimiento, Crucifixión y Caída de Jesús en el camino del Calvario.

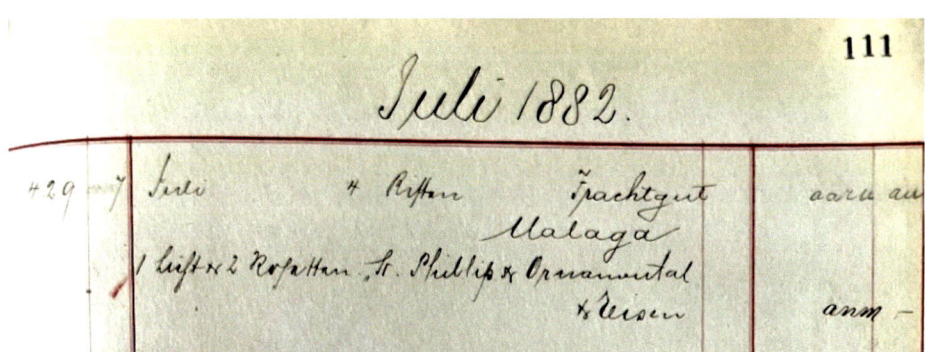

Libro de envíos Casa Mayer, 7 de julio 1882.
1 vidriera de San Felipe y 2 vidrieras redondas ornamentales.

Crucero norte. Altar de San Sebastián.
Vidrieras costeadas por Juan Núñez Delgado, 1881

En el crucero norte se halla el altar de San Sebastián, ubicado en el lado derecho de la Puerta de las Cadenas. Recibe este nombre por un retablo pictórico de Jacobo Palma el Joven, que representa a San Sebastián, Santa Catalina Mártir, San Bartolomé, Santa María Magdalena y la Adoración de los Reyes. El cuadro procedía de la Iglesia Vieja.

Juan Núñez Delgado, canónigo y chantre de la catedral, costeó las vidrieras ubicadas en este testero, cuyas escenas principales representan las **Bodas de Caná** en el centro, **el Bautismo de Cristo** a la derecha **y la Tentación de Cristo** a la izquierda. (Bolea y Sintas dice erróneamente que se colocaron en 1877, *Actas Capitulares*, 30 diciembre de 1977). Encima aparece **Santiago el Menor** entre dos vidrieras decorativas. Este apóstol lleva el sobrenombre de el Menor para diferenciarlo de Santiago, el hijo de Zebedeo, y era primo de Jesús.

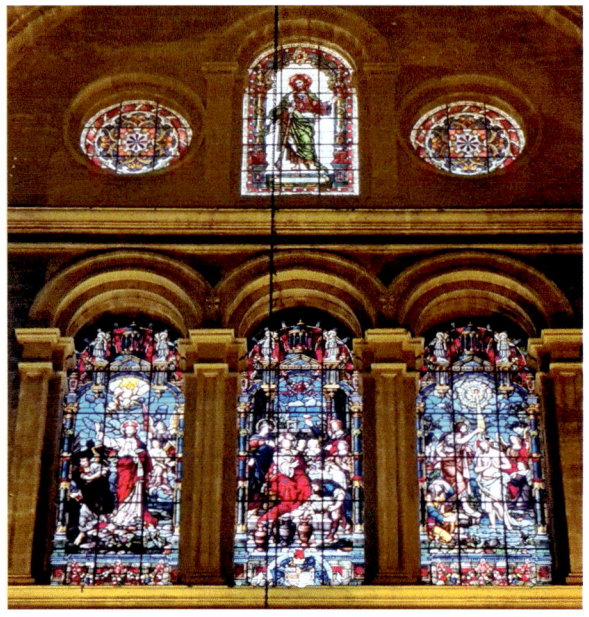

Vidrieras del crucero norte:
Tentación, Bodas de Caná
y Bautismo de Cristo.

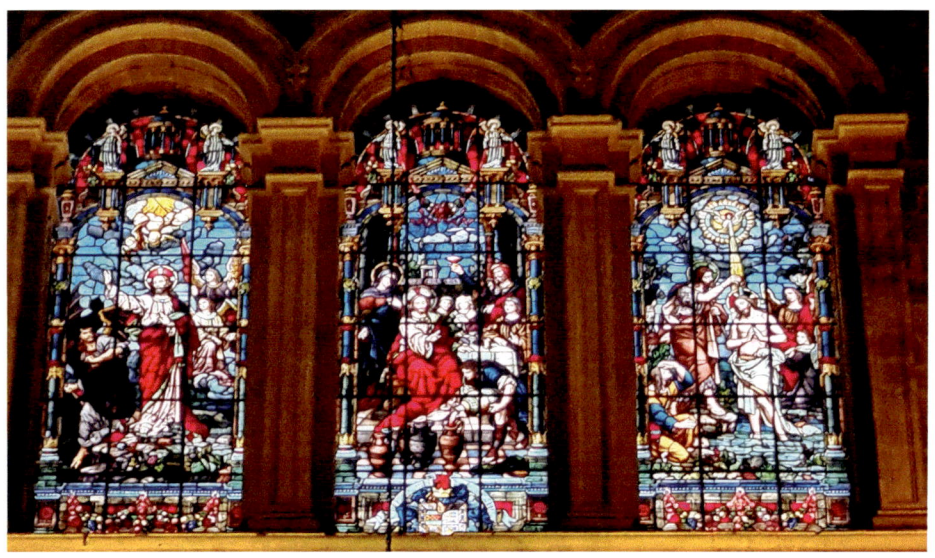

Vidrieras de la Tentación de Cristo, Bodas de Caná y Bautismo de Cristo.

Los primeros testimonios afirman que murió lapidado o apaleado con el palo de un batanero, y con esta iconografía lo encontramos en el *martyrologium* de Ratisbona de hacia 1170. A finales de la Edad Media, el palo batanero aparece como su atributo más importante.

La Casa Mayer posee los dibujos de los cartones de las vidrieras de las *Bodas de Caná* y del *Bautismo de Cristo*, cuya composición recuerda a las vidrieras de la Encarnación, aunque sustituye las figuras de la Virgen y el arcángel San Gabriel por Cristo y San Juan Bautista. La escena de las *Bodas de Caná* representa el momento en el que Cristo convierte el agua en vino con un servidor que está rellenando varias jarras. Detrás de Cristo está la Virgen, y a la derecha tres comensales, uno de los cuales alza su copa. La obra se desarrolla en un interior con una ventana abierta al paisaje de fondo.

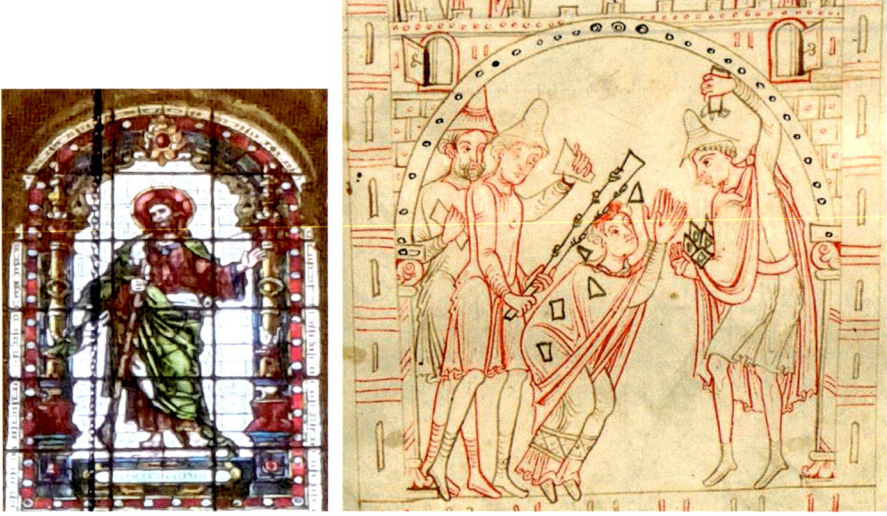

A la izquierda, vidriera de Santiago el Menor. A la derecha, Martirio de Santiago el Menor. Múnich, Bayerische Staatsbibliothek, siglo XII.

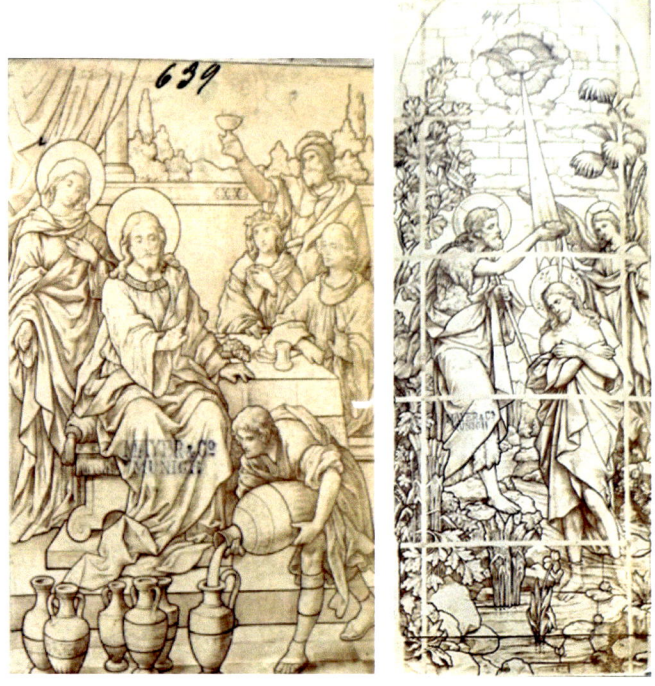

Dibujos de los cartones de las Bodas de Caná y del Bautismo de Cristo. Archivo Casa Mayer.

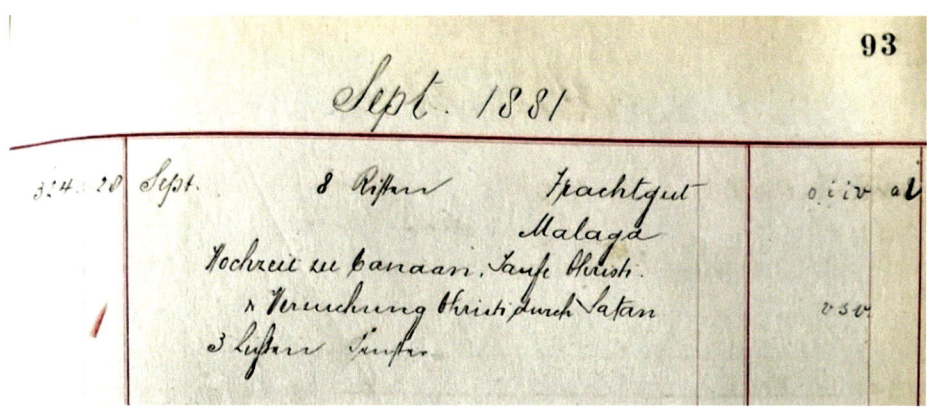

Libro de envíos Casa Mayer, 20 septiembre 1881.
Bodas de Caná, Bautismo de Cristo y Tentación de Cristo.

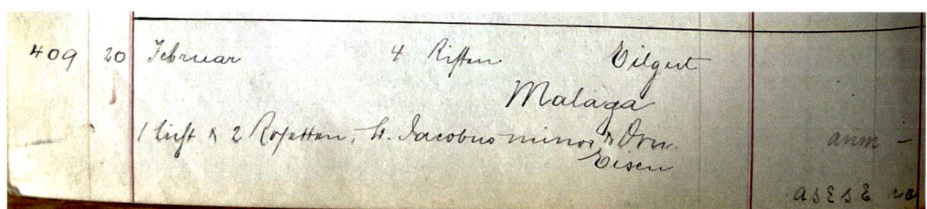

Libro de envíos Casa Mayer, 20 febrero 1881.
1 vidriera de Santiago el Menor y 2 vidrieras redondas.

Capilla del Sagrado Corazón.
Vidrieras e imagen del Sagrado Corazón costeadas por Ventura Terrado, 1891

La iconografía de las vidrieras está relacionada con la instalación en 1741 de manera estable del Monumento del Jueves Santo, diseñado ese mismo año por el maestro aparejador de la catedral Antonio Ramos en el tramo de la portada, que daba a la calle Postigo de los Abades, cuya puerta quedó cegada y convertida en capilla. En 1815 se construyó un templete por los maestros José Sarmiento y Félix Rosso. En 1831 Francisco y Josefa Monsalve donaron a la catedral unas andas de plata para la procesión del Corpus, que se colocaba en el templete el Jueves y el Viernes Santo.

En 1885 el obispo Manuel Gómez de Salazar donó a la catedral una imagen del Sagrado Corazón, colocada inicialmente en la capilla de Nuestra Señora del Pilar, determinando el cabildo que se trasladara a esta capilla y se colocara en el monumento convertido de esta manera en retablo de la escultura.

Durante el episcopado de Marcelo Spínola y Maestre se consagró la diócesis y la ciudad de Málaga al Sagrado Corazón de Jesús. Por esta razón la señora Ventura Terrado, viuda de Enrique de Sandoval y Manescau, trajo de Alemania una imagen del Sagrado Corazón para ubicarla en esta capilla. Por esta circunstancia el cabildo acordó trasladar a la iglesia de San Pablo la imagen que había donado el obispo Manuel Gómez de Salazar (Bolea y Sintas, 1894: 200-222). Por el manuscrito de la iglesia de San Pablo sabemos que la Sra. Terrado solía hacer sus pedidos de la Casa Mayer en la oficina que tenía la empresa en el número 149 de la calle New Bond Street de Londres. En el catálogo de obras que ofrecía al público internacional, aparecían seis modelos de imágenes del Sagrado Corazón, uno de los cuales coincidiría con la escultura que compró para la capilla de la catedral, que desapareció en 1937. Son todas muy parecidas, con pequeñas variaciones, y muestran la iconografía característica del Sagrado Corazón, con dos medidas y dos precios diferentes. Las esculturas eran de varios materiales: mármol, piedra, terracota, zinc y madera. Una especialidad inventada por la Casa Mayer era la *Stone Composition*, un material con todas las características y durabilidad de la piedra frente a la lluvia y las influencias climáticas, lo que lo hacía muy conveniente para las obras situadas al aire libre.

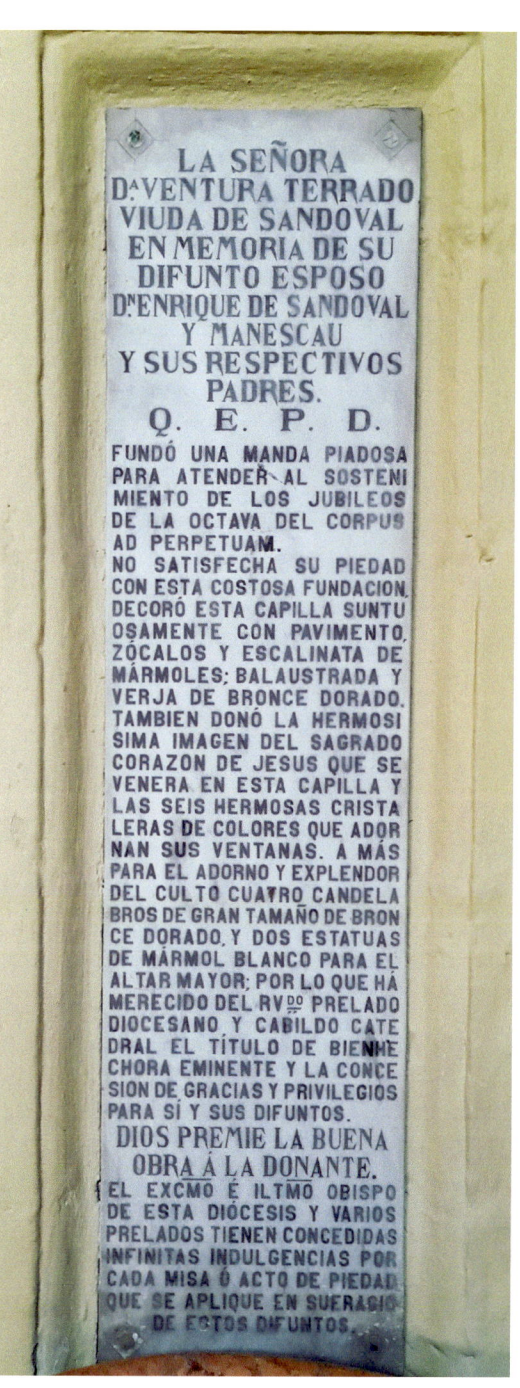

Lápida colocada en la entrada de la capilla.

En 1859 Josef Knabl (1819-1881) se incorporó como jefe de los talleres de escultura de la empresa y en 1868 fue nombrado director artístico, por lo que se puede considerar como el autor de los diseños de la mayoría de las esculturas de aquella época. Realizó cientos de dibujos, bocetos y maquetas, y desarrolló una amplia actividad docente. Procedente del Tirol se formó en Múnich en el estudio de varios maestros y en el análisis de la escultura medieval alemana de las regiones de Suabia y Renania. Su prestigio hizo que fuera considerado como el escultor más destacado del Tirol y nombrado miembro de varias academias de arte. El rey le creó una cátedra de escultura religiosa *cuyo objetivo es demostrar la piedad ingenua y la pureza del arte medieval con la gracia formal del mundo antiguo* (Mayer, 2001: 67-68). Knabl no solo diseñaba esculturas sino también altares, púlpitos y otras estructuras arquitectónicas inspiradas en el arte gótico. Se le puede considerar como el diseñador tanto del Sagrado Corazón de la catedral como de los púlpitos y del altar baldaquino de la iglesia de San Pablo.

Cuando se celebró la consagración de la capilla, el 19 de junio de 1887 se organizó un pontifical y una procesión por la noche alrededor de la catedral con las capillas adornadas e iluminadas al igual que la cornisa del primer cuerpo. La consagración de la diócesis de Málaga al Sagrado Corazón supuso el aumento del número de imágenes consagradas a esta devoción por diversas órdenes religiosas. La propia Ventura Terrrado donó a la parroquia de San Juan una escultura del Sagrado Corazón (Romero, 1981: 144-145), realizada por Antonio Casasola (1873-1903). El obispo Manuel González hizo coronar en 1927 la fachada de la Capilla del Buen Pastor del Seminario Diocesano de Málaga con una monumental escultura del Sagrado Corazón Eucarístico, que une a la tradicional iconografía del Sagrado Corazón la hostia y la cruz. Fue realizada por el escultor aloreño José Navas Parejo, ayudado por los oficiales José G. Martín Simón y Antonio Velasco Burgos. Sus 3,5 mts de altura y ocho toneladas de piedra blanca alicantina podían contemplarse desde la calle Cristo de la Epidemia y la Alameda de Capuchinos antes de que el nuevo arbolado impidiera su visión (González, 241: 1935).

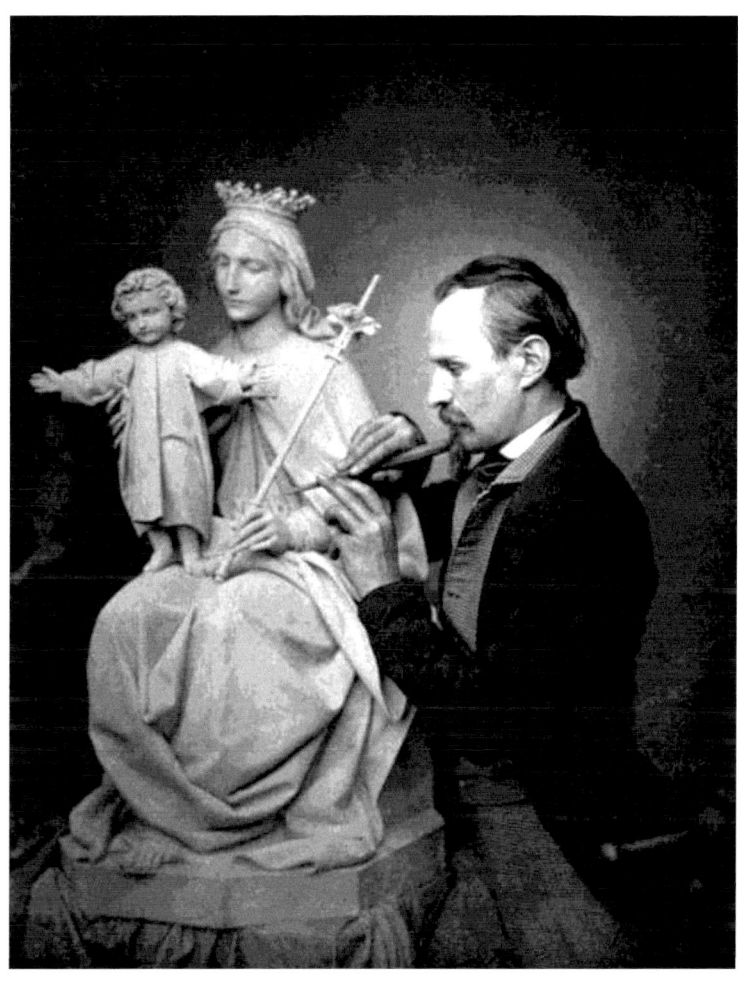

Retrato de Josef Knabl en el taller. Hacia 1860.

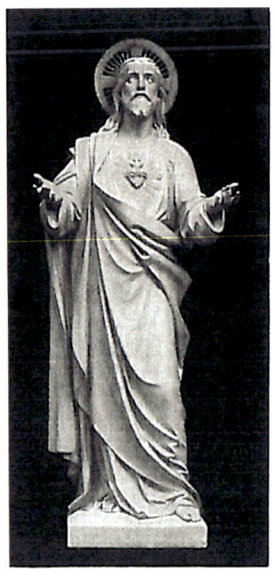 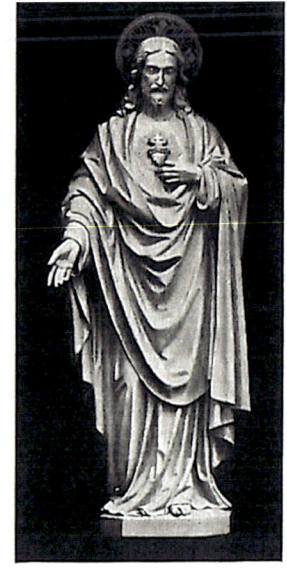 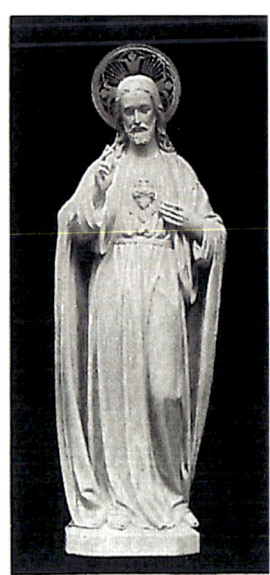

Esculturas del Sagrado Corazón realizadas por la Casa Mayer, una de las cuales fue escogida por Ventura Terrado para la catedral.

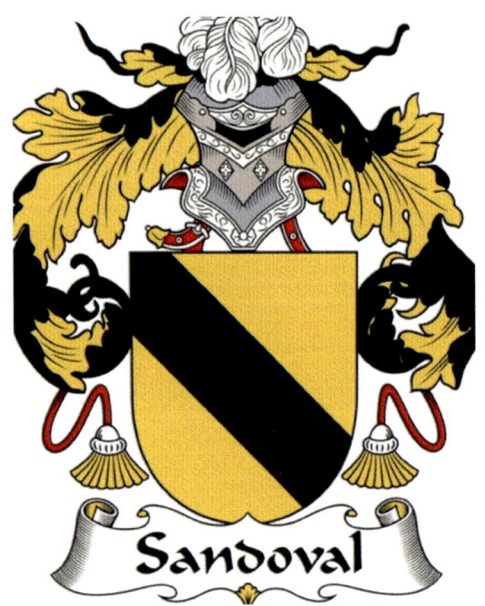

Escudo de armas de Enrique Sandoval y Manescau ubicado en la parte inferior de la vidriera central.

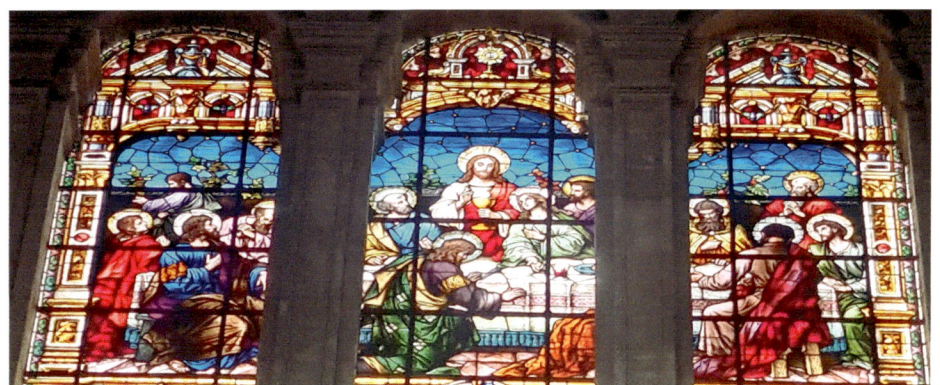

Vidrieras de la Santa Cena con el escudo nobiliario de Enrique Sandoval en la zona inferior, y San Buenaventura en la parte superior.

Ventura Terrado sufragó los gastos de decoración de la capilla del Sagrado Corazón de la catedral. En una lápida ubicada en el pilar externo de la capilla se puede leer que fundó unas mandas para atender el sostenimiento de los jubileos de la octava del Corpus *Ad perpetuam*, y que además costeó los pavimentos, zócalos, escalinatas, balaustradas de mármol y verja de bronce dorado de la capilla. También donó la imagen del Sagrado Corazón, las seis vidrieras de sus ventanas, cuatro candelabros de bronce y dos estatuas de mármol blanco.

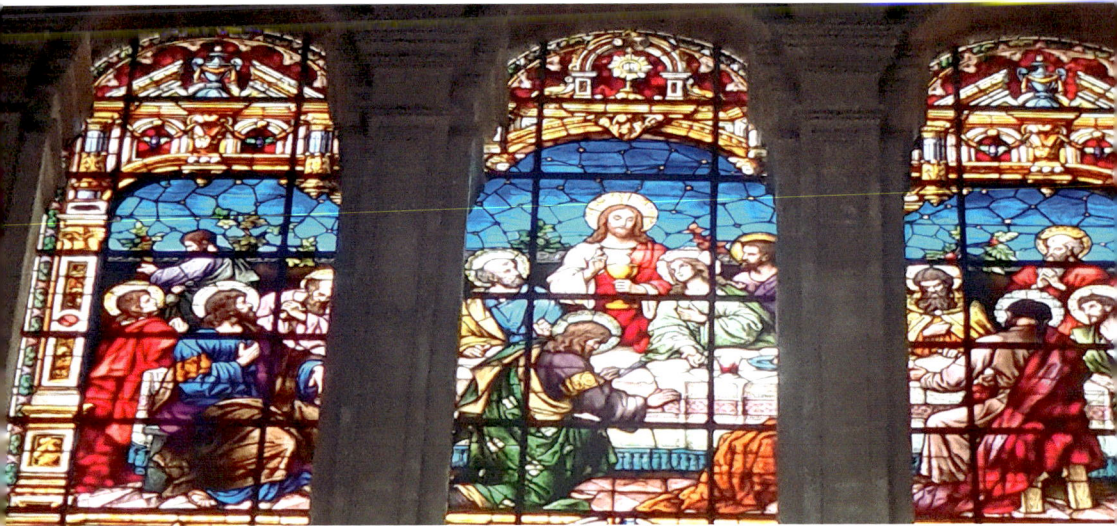

Vidrieras de la Santa Cena.

Las vidrieras representan el tema de **la Santa Cena**, que simboliza la institución de la Eucaristía, la cual aparece en el nivel inferior, con Cristo en la vidriera central en el momento de bendecir el pan y el vino, rodeado de cuatro apóstoles. En las vidrieras laterales hay cuatro apóstoles en cada lado. Y en la zona superior **San Buenaventura** en el centro, **y dos ángeles** en las vidrieras redondas laterales. Bajo la vidriera central se halla el escudo de armas de Enrique Sandoval. El papa Urbano IV encargó a san Buenaventura el texto sobre la liturgia del Corpus (Misa y Oficio) junto a santo Tomás de Aquino, quien redactó el famoso *Pange lingua*.

La Casa Mayer posee una fotografía de las vidrieras de la Santa Cena expuestas en la sala de exposiciones de la Casa Mayer antes del envío a Málaga.

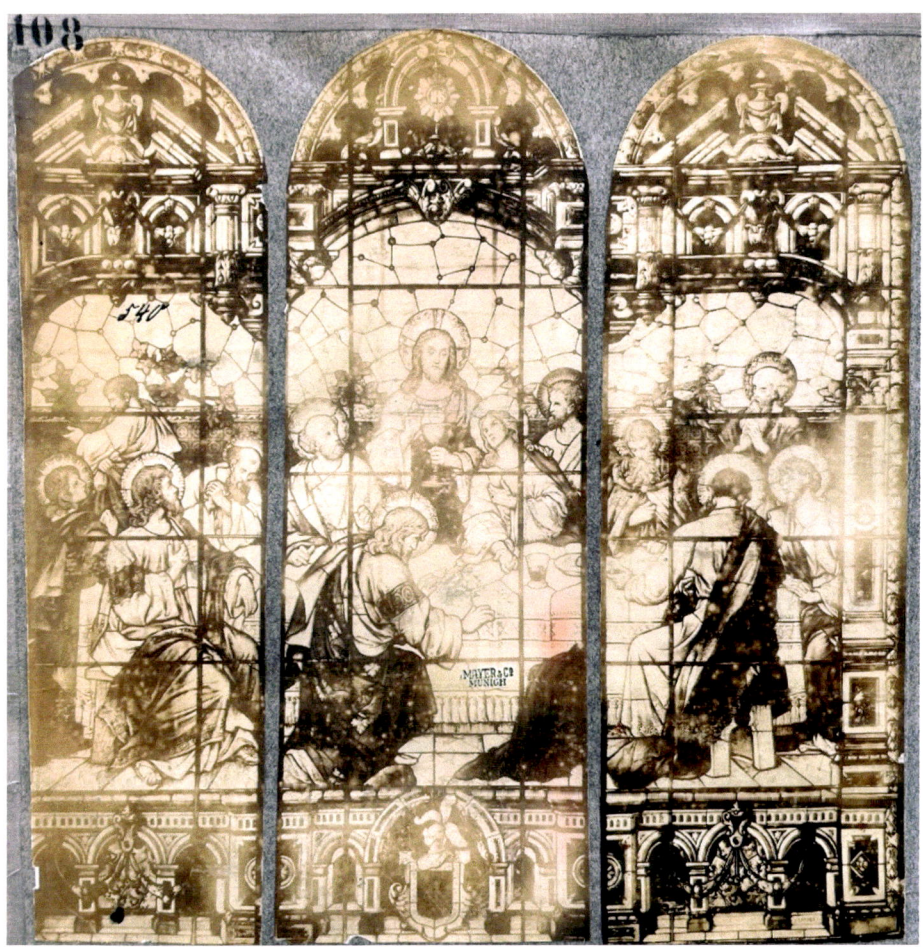

Fotografía de las vidrieras en la sala de exposiciones de la Casa Mayer antes del envío a Málaga. Archivo Casa Mayer.

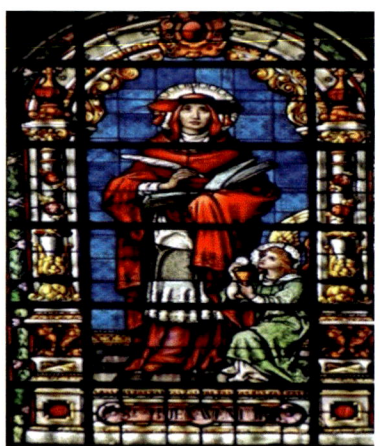

Vidriera de San Buenaventura.

Libro de envíos de la Casa Mayer, 7 agosto 1891.
1 vidriera de San Buenaventura
2 vidrieras redondas con ángeles
1 vidriera de la Santa Cena.

La llegada de refugiados de la provincia y la destrucción de obras artísticas

El avance de las tropas nacionales en la provincia de Málaga en 1937 ocasionó la llegada a la capital de numerosas personas que huían de las catástrofes de la contienda. Aunque existía otro lugar apropiado, los entonces dirigentes municipales decidieron utilizar la catedral para alojar a la gran cantidad de refugiados, sin llegar a pensar en los daños que ocasionaría a las obras artísticas que se encontraban en el templo. Durante los seis meses que duró esta situación, se produjeron destrozos en esculturas y retablos pertenecientes a las capillas radiales de la catedral, utilizando partes destrozadas de este patrimonio religioso con la finalidad de avivar las hogueras que les servían para cocinar y entrar en calor ante el descenso de las temperaturas. Ante esta lamentable noticia, el gobernador de Málaga ordenó que se tapiaran el coro del cabildo catedralicio y las capillas de la Encarnación y Santa Bárbara, depositándose en estos lugares las obras más significativas que se encontraban en el primer templo de la Diócesis de la ciudad (Ramírez González, 2004: 377-378).

La capilla del Sagrado Corazón, como otras capillas de la catedral, sufrió los destrozos realizados por los refugiados, que permanecieron viviendo en su interior en 1937. El retablo con la imagen del Sagrado Corazón, donada por la Sra. Terrado, desapareció, como se puede observar en una fotografía de la Biblioteca Provincial de Málaga (Morales Folguera, 1998: 66).

Son varias las fotografías que muestran las huellas dejadas en el interior de la catedral tras la estancia de los refugiados en ella durante el conflicto bélico en la ciudad de Málaga. De Torres Molina proceden las imágenes acerca de los trabajos de recuperación del interior de la catedral que muestran los cuadros descolgados de su emplazamiento original y situados por el suelo. Del mismo fotógrafo también proceden las impactantes imágenes del muro de ladrillo construido delante del coro para asegurar su conservación ante los destrozos ocasionados. Las fotografías relativas a la basura acumulada tras la estancia de los refugiados en la catedral pertenecen a Serrano. La Biblioteca Nacional de España conserva una imagen de las obras artísticas que se depositaron en la Sacristía.

En estas imágenes puede apreciarse el desolador aspecto producido por la gran cantidad de miserias y basuras acumuladas en tan majestuoso y sagrado espacio, que pueden considerarse un acto de profanación del recinto religioso.

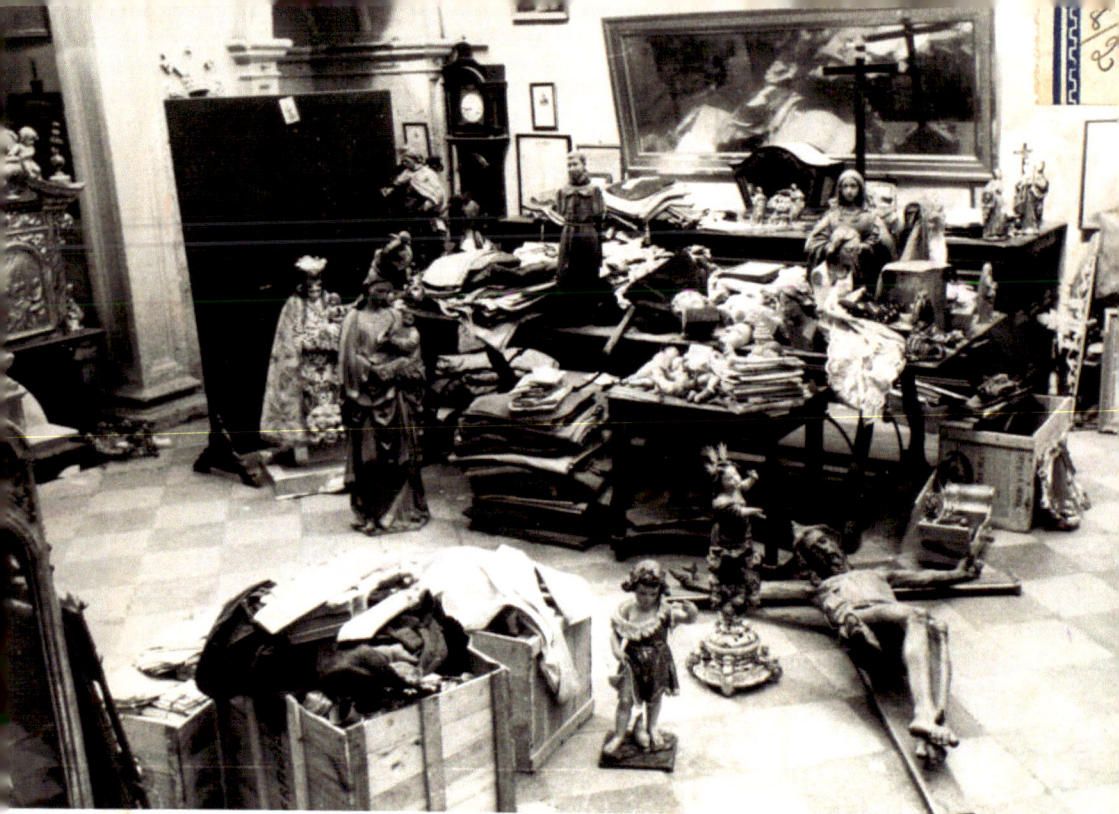

La Sacristía de la catedral de Málaga con algunas de las imágenes depositadas en ella para su salvaguarda. 1937. Estudio fotográfico Torres Molina. Imagen procedente de los fondos de la Biblioteca Nacional de España.

Cestas, mantas, púlpitos y diversos objetos, así como rejas utilizadas como percheros, constituían un desorden en torno al Altar Mayor. Puede observarse el coro del cabildo catedralicio tapiado, al igual que las capillas de la Encarnación y Santa Bárbara, espacios donde se depositaban las obras de arte más significativas que poseía la catedral. Esta determinación del entonces gobernador de la ciudad tenía como finalidad dotar de protección al templo ante las preocupantes noticias del deterioro del patrimonio artístico que los refugiados estaban originando debido a su prolongada estancia en él (Salado, 2005-2006: 683).

La actual imagen del Sagrado Corazón fue realizada por el escultor Francisco Palma Burgos (1918-1985) para sustituir a la donada por Ventura Terrado.

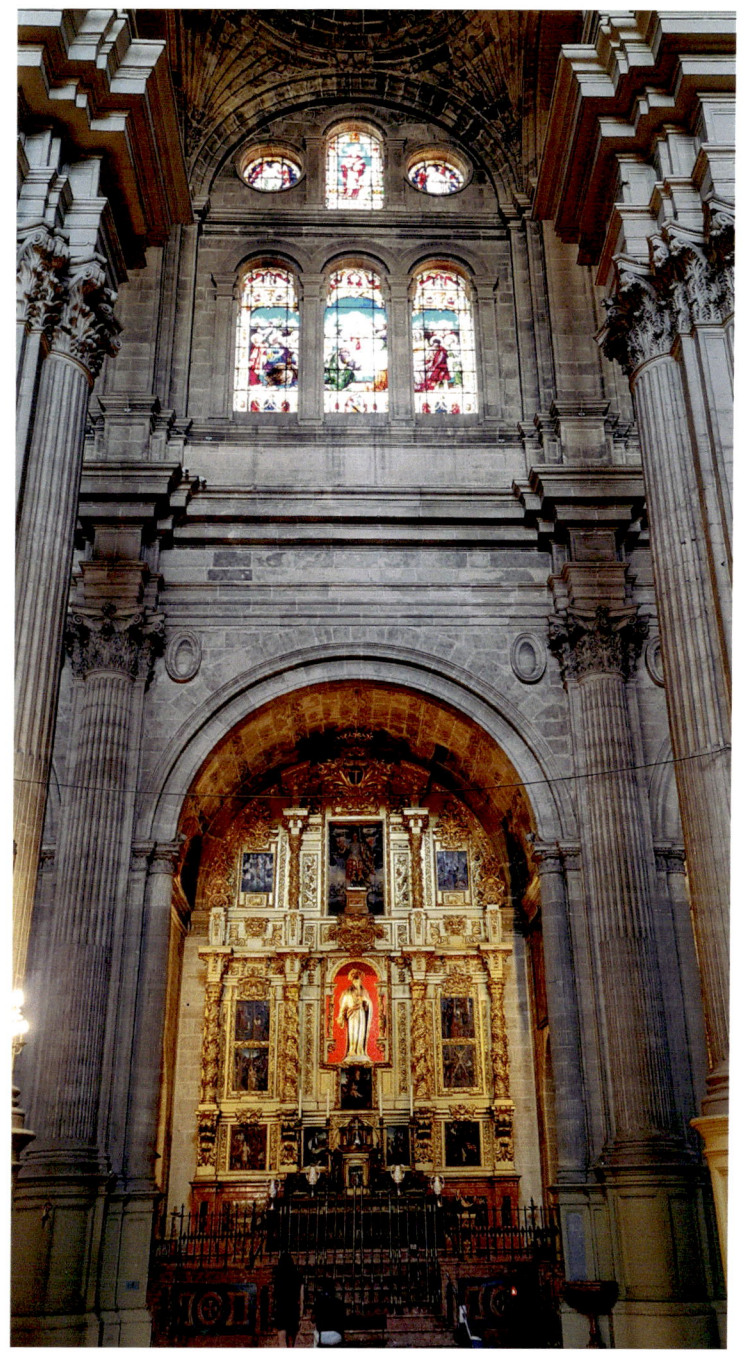

Capilla del Sagrado Corazón tras la instalación del retablo neobarroco.

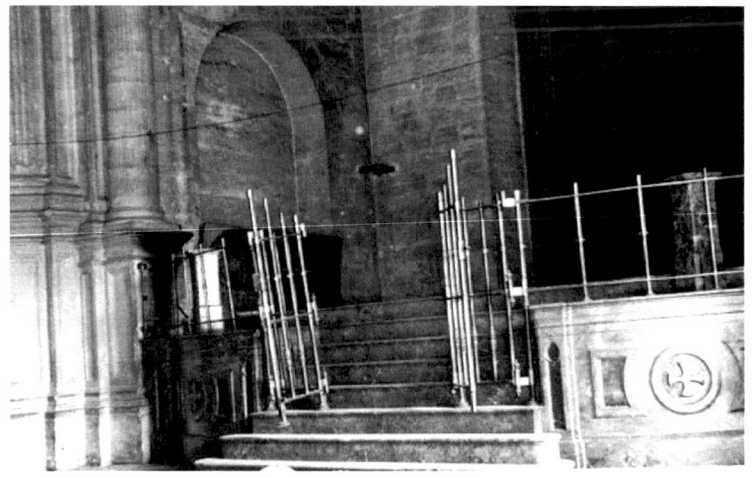

Estado de destrucción en el que quedó la capilla del Sagrado Corazón de la Catedral. Biblioteca Diputación Provincial de Málaga.

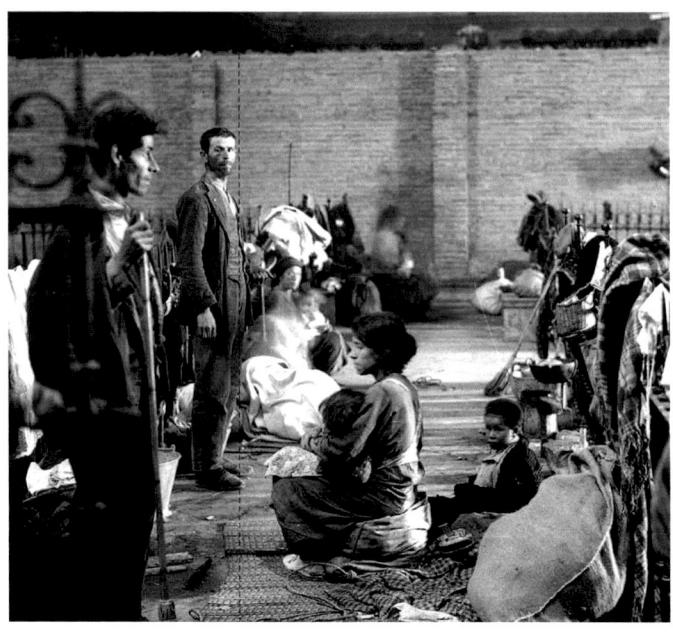

Refugiados en la catedral y muros del coro.

Fachada de los pies. Interior. Paneles laterales.
Vidrieras costeadas por Juan y Joaquina Chacón García, 1892

Panel nave de la Epístola. Entrada de Cristo en Jerusalén

En la zona superior se encuentra **San José con el Niño** y a los lados **dos vidrieras redondas decorativas**.

La Casa Mayer tiene en su archivo una fotografía de las vidrieras realizadas en la sala de exposiciones de la Casa Mayer, antes de ser trasladadas a Málaga. La escena central con la imagen de Cristo subido en un pollino aclamado por varios personajes tiene algunos pequeños desperfectos en la zona superior. Las vidrieras laterales representan detalles urbanos de la ciudad de Jerusalén y un nutrido grupo de mujeres y hombres en diversas posturas aclamando a Cristo.

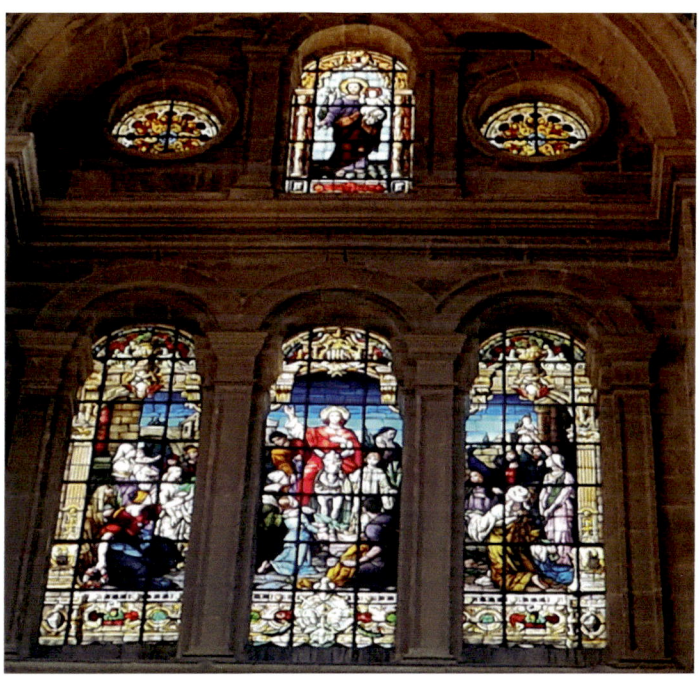

Vidrieras de la Entrada de Cristo en Jerusalén y San José con el Niño.

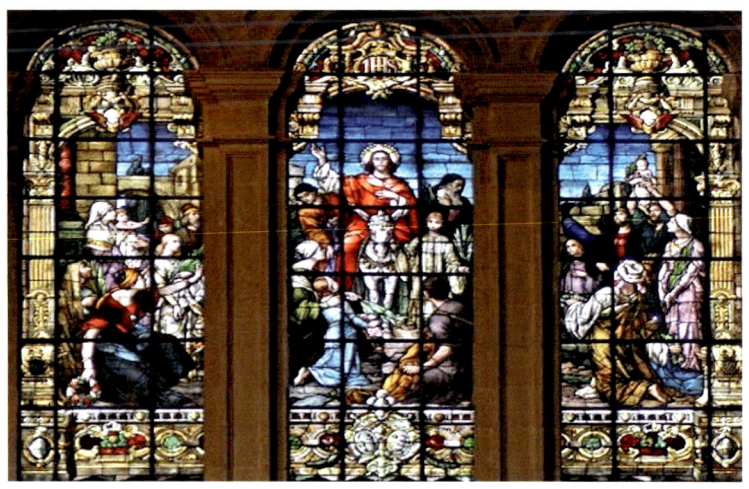

Vidrieras de la Entrada de Cristo en Jerusalén.

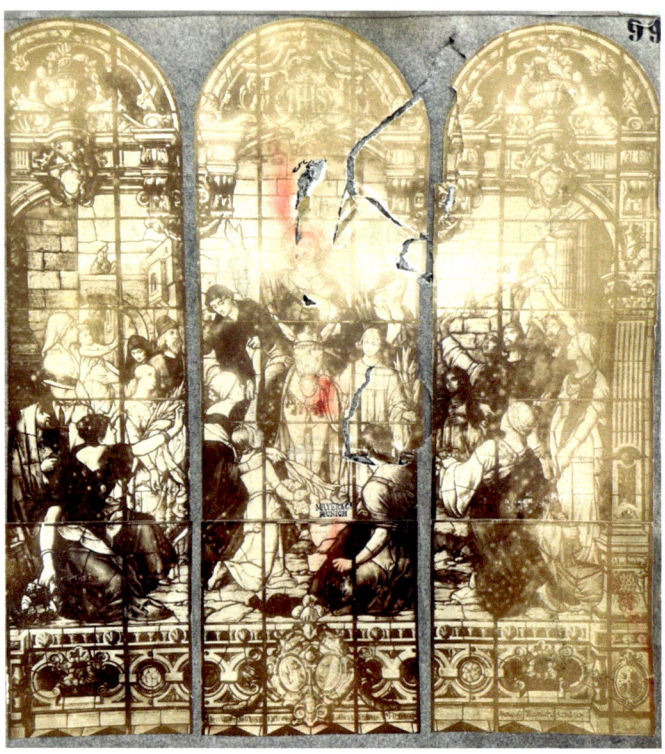

Fotografía de las vidrieras en la sala de exposiciones de la Casa Mayer antes del envío a Málaga. Archivo Casa Mayer.

La Casa Mayer también conserva un dibujo con el **escudo de la familia Chacón García**, ubicado en la zona baja de la vidriera central, y otro dibujo con la figura de **San José con el Niño**. San José lleva en la mano derecha una rama de nardos y el Niño una bola del mundo, que podría estar coronada por una pequeña cruz, que no se aprecia.

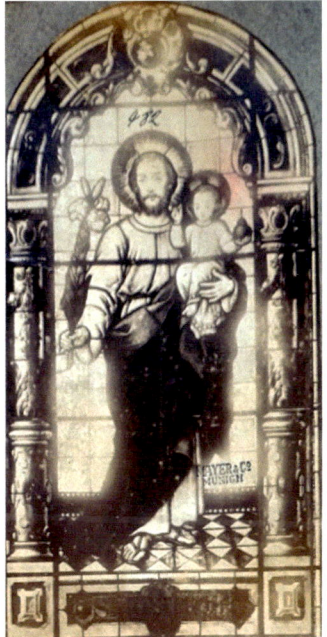
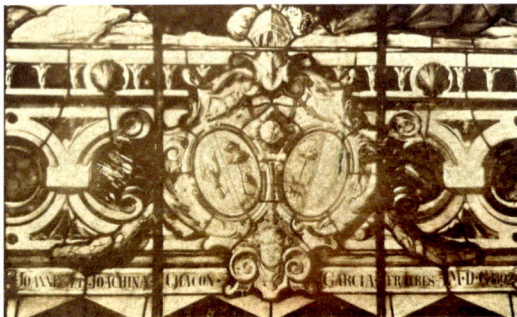

A la izquierda, San José con el Niño. Dibujo. Archivo Casa Mayer. A la derecha, escudos de armas de don Juan y doña Joaquina Chacón García. Archivo Casa Mayer.

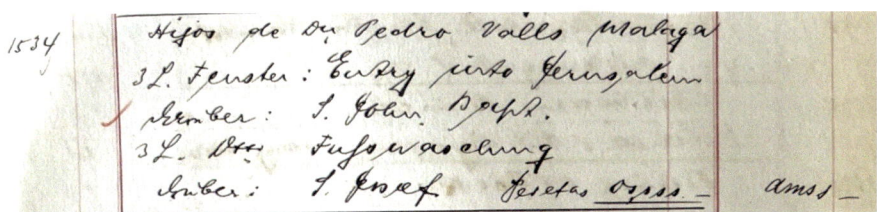

Libro de envíos Casa Mayer, noviembre 1892.
Hijos de don Pedro Valls
1 vidriera de la Entrada de Cristo en Jerusalén
1 vidriera de San Juan Bautista
1 vidriera del Convite en casa del Fariseo
1 vidriera de San José.

Panel nave del Evangelio.
Convite en casa del Fariseo

En la zona superior se halla **San Juan Bautista** y a los lados **dos vidrieras redondas decorativas**. En la zona inferior, en la vidriera central, se representa el tema del **Convite en casa del Fariseo**, donde aparece Cristo, sentado con un manto rojo, delante María Magdalena, ungiéndole los pies con ungüento, y frente a él el Fariseo. En las vidrieras laterales hay varios comensales y servidores con alimentos y bebidas.

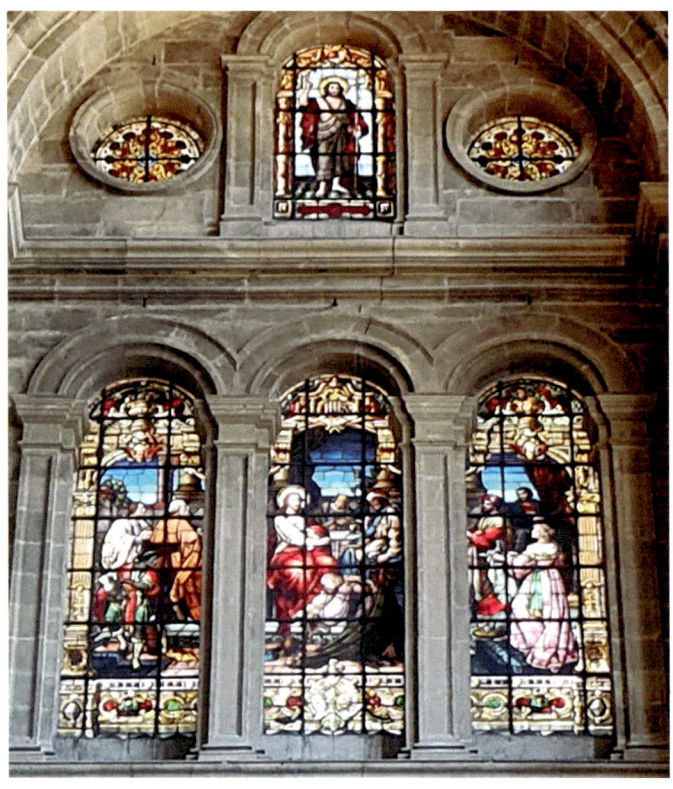

Vidrieras del Convite en Casa del Fariseo y San Juan Bautista.

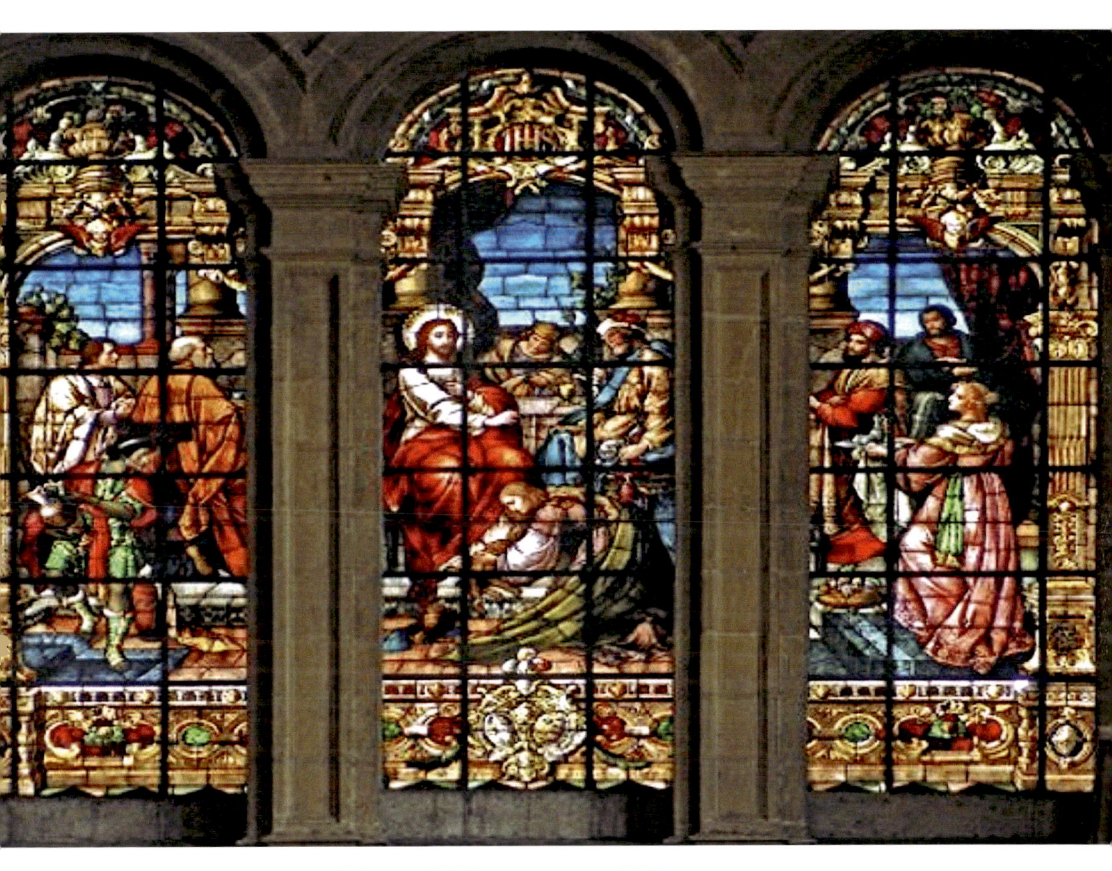

Vidrieras del Convite en casa del Fariseo.

Fachada de los pies. Interior. Panel central.
Vidrieras costeadas por el Ayuntamiento de Málaga, 1893

El Ayuntamiento de Málaga, cuyo alcalde en ese momento era Enrique de Herrera Moll, costeó las vidrieras de este tramo con la escena principal destinada a representar la **Transfiguración de Cristo en el monte Tabor** con Moisés a la izquierda llevando las tablas de la Ley, Elías a la derecha con la espada como defensor de la verdad y la justicia, y tres apóstoles postrados en el suelo: Pedro, Santiago y Juan. Cristo aparece sobre un manto de nubes, rodeado por un círculo de querubines con su anagrama encima IHS. En la zona superior se halla la **Inmaculada con dos vidrieras redondas decorativas** a los lados.

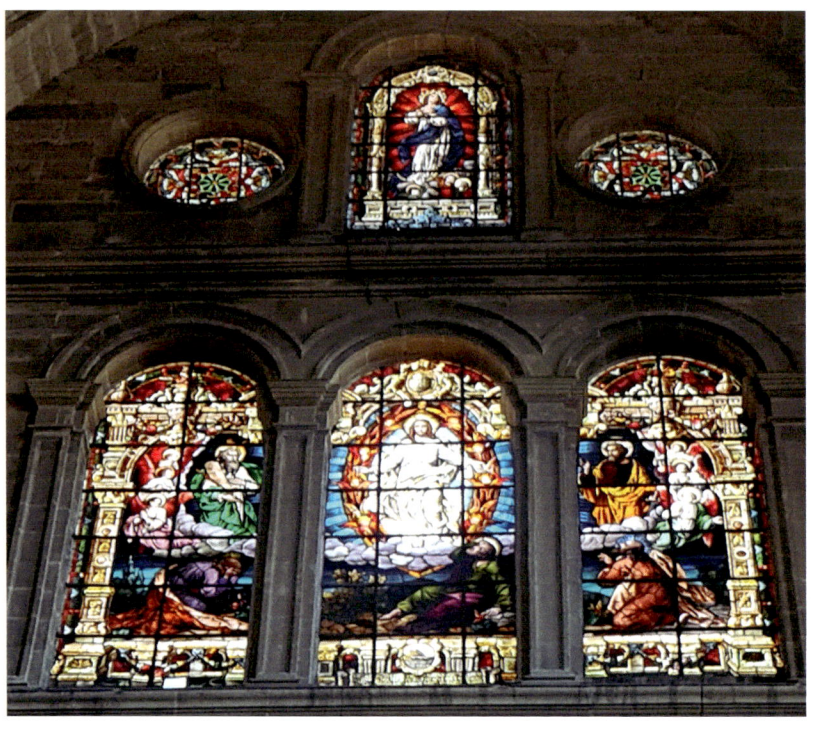

Vidrieras de los pies. Panel central. Transfiguración y la Inmaculada.

Debajo de la figura de Cristo se ha representado el escudo de la ciudad de Málaga y la siguiente inscripción: *El Excmo. Ayuntamiento de Málaga con su Alcalde Presidente el Sr. D. Enrique Herrera y Moll 4 Feb 1893 A M D G (Ad Maiorem Dei Gloriam).*

La Casa Mayer conserva una fotografía de las vidrieras en la sala de exposiciones antes del envío a Málaga. Estas vidrieras de la Transfiguración están divididas en tres escenas: la figura de Cristo trascendido con las manos abiertas y rodeado de una mandorla con querubines, encima el anagrama IHS con la cruz, a la izquierda la imagen de Moisés con las tablas, tres ángeles y un apóstol arrodillado con la cabeza agachada; y a la derecha, san Pablo con otros tres ángeles y un apóstol arrodillado, mirando a Cristo.

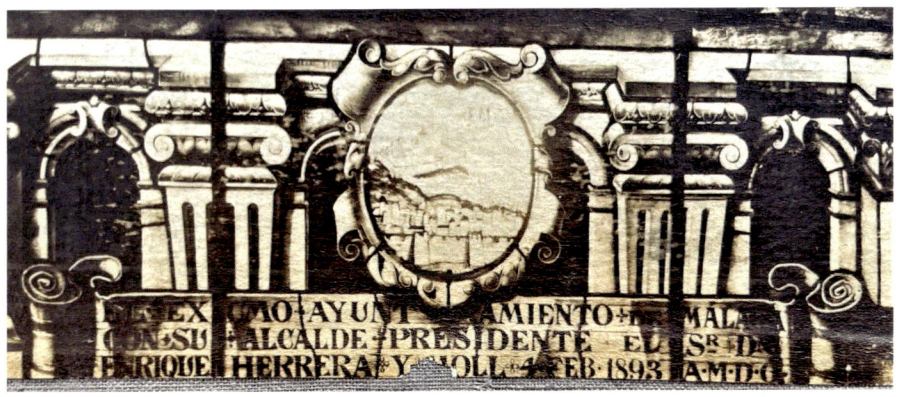

Escudo de la ciudad de Málaga con la siguiente inscripción: *El Excmo. Ayuntamiento de Málaga con su Alcalde Presidente el Sr. D. Enrique Herrera y Moll 4 Feb 1893 A M D G (AD MAIOREM DEI GLORIAM).*

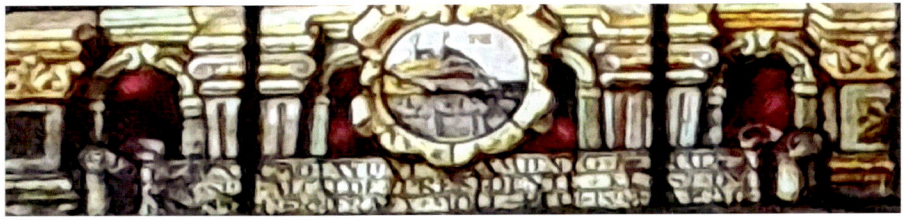

Detalle de la vidriera con el Escudo de Málaga, la muralla de la ciudad, el monte y el castillo de Gibralfaro rematado por las imágenes de los mártires y las iniciales del mote de los Reyes Católicos a la derecha TM (TANTO MONTA).

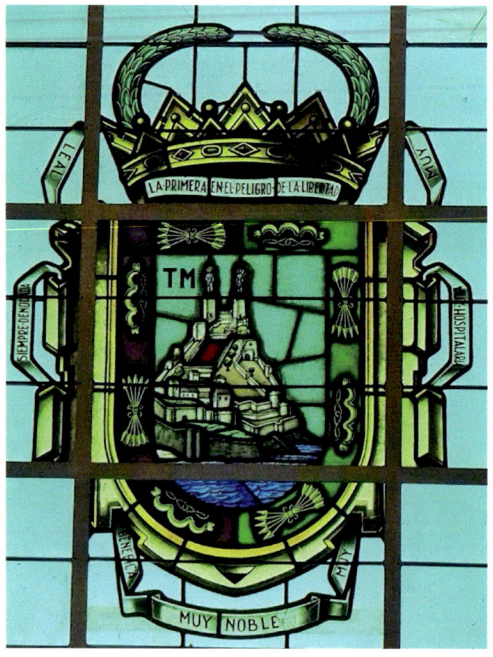

Escudo de la ciudad de Málaga. Vidriera de la Diputación Provincial de Málaga. Este escudo sigue el mismo modelo del de la vidriera de la catedral.

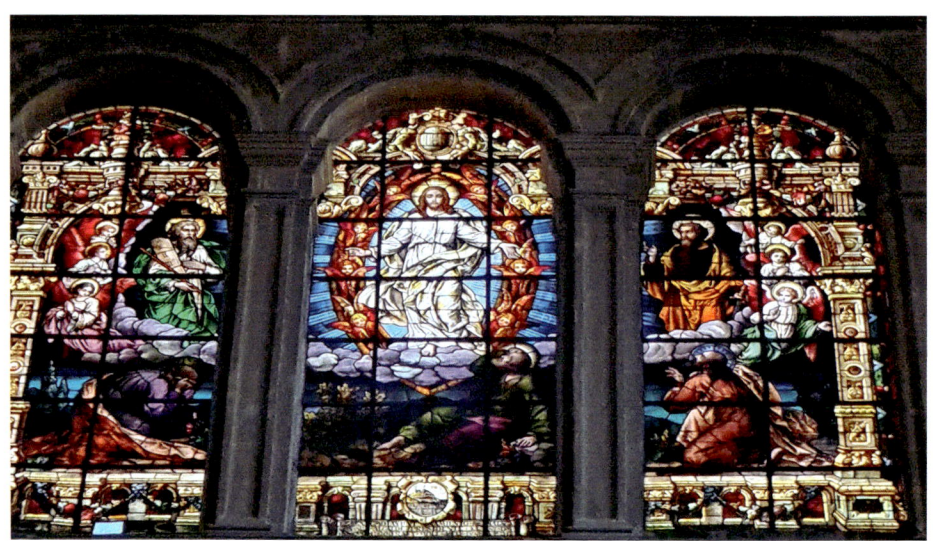

Vidrieras de la Transfiguración.

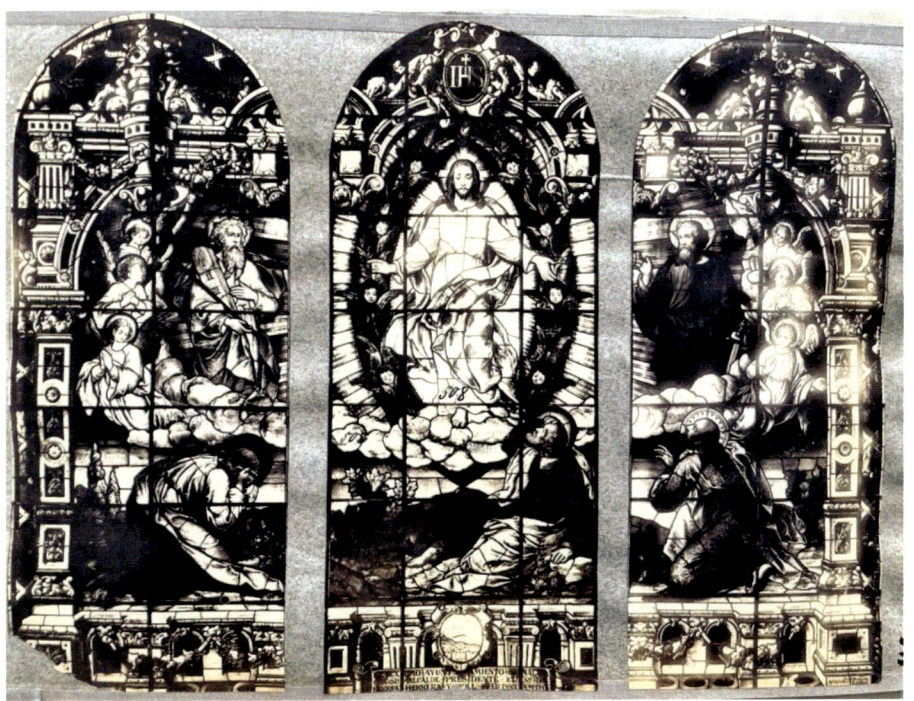

Fotografía de las vidrieras en la sala de exposiciones de la Casa Mayer antes del envío a Málaga.
Archivo Casa Mayer.

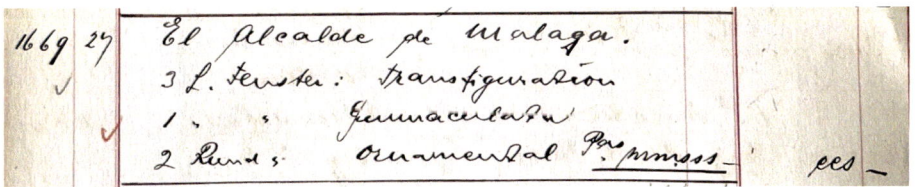

Libro de envíos Casa Mayer, 27 mayo 1893.
El alcalde de Málaga
1 vidriera de 3 vanos: Transfiguración del Señor
1 vidriera de 1 vano: Inmaculada
2 vidrieras redondas ornamentales.

Capilla de los Reyes.
Vidrieras costeadas por Dorotea Scholtz Caravaca, 1901

Esta capilla debe su nombre a la escultura de Nuestra Señora de los Reyes, que la reina Isabel la Católica traía en su capilla privada y que donó a la catedral, cuando la Mezquita Mayor de Málaga fue consagrada al culto católico. Colocada inicialmente en el altar mayor de la Mezquita Catedral, en 1617 fue trasladada a este lugar. Su retablo fue realizado en 1676 por Pedro de Mena.

Dorotea Scholtz Caravaca era hermana de Clementina, quien sufragó las vidrieras de la Capilla de San Julián, y ambas eran hijas de Cristián Federico Scholtz Roth, fundador de las bodegas Scholtz, una de las más importantes de Málaga.

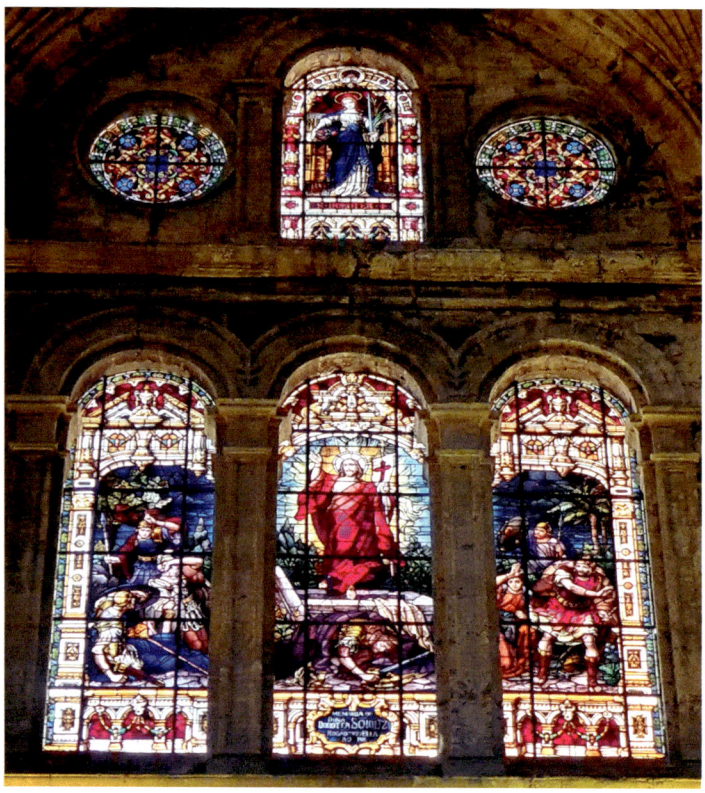

Vidrieras de la capilla de los Reyes. Resurrección y Santa Dorotea.

La escena principal de las vidrieras de esta capilla representa el tema de la **Resurrección** en la zona inferior y **Santa Dorotea** en la zona superior entre dos vidrieras redondas decorativas. La joven mártir, que fue decapitada por no apostatar, lleva en la mano izquierda una cruz y una palma y en la derecha un jarrón con manzanas y rosas, que le había pedido Teófilo camino del martirio. En la base de la vidriera central se puede ver la inscripción dedicatoria de Dorotea Scholtz: *MEMORIA DE DOROTEA SCHOLTZ, ROGAD POR ELLA. AD MXMI.*

En la vidriera central se ve la figura de Cristo resucitado saliendo del sepulcro, que aparece con un estandarte con la cruz de la Resurrección en la mano izquierda y bendiciendo con la mano derecha. En las vidrieras laterales se hallan los soldados que custodiaban el sepulcro con gestos de incredulidad y asustados.

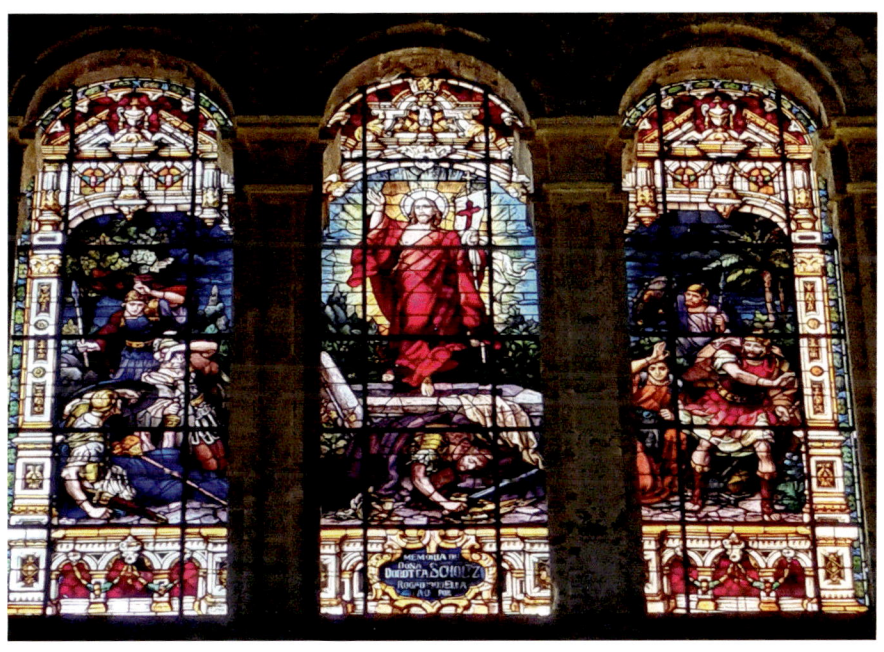

Vidrieras de la Capilla de los Reyes. Resurrección.

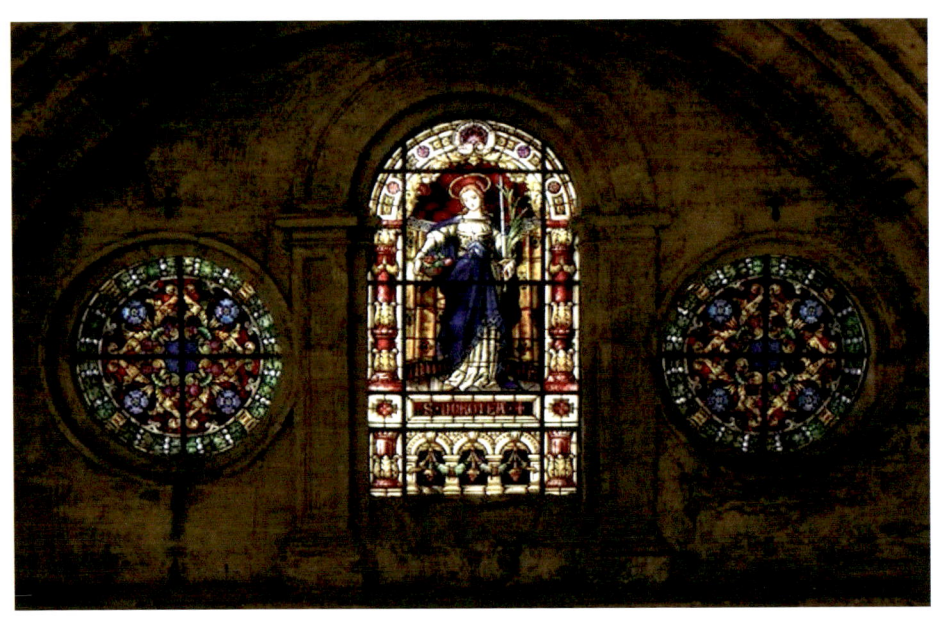

Santa Dorotea y dos vidrieras redondas decorativas.

Capilla de San Julián.
Vidrieras costeadas por Clementina Scholtz Caravaca, 1913

Establecida inicialmente en la Iglesia Vieja, fue trasladada a la Iglesia Nueva en fecha indeterminada. Su dedicación proviene de la epidemia de carbunclo, que asoló a la ciudad en 1637, atribuyéndose a San Julián, obispo de Cuenca, el fin de la epidemia, en la que fallecieron miles de personas en Málaga. De la antigua capilla se conserva un lienzo, que representa la aparición de la Virgen a San Julián, obra de Cristóbal García Salmerón.

Las vidrieras principales de esta capilla representan a **Jesús entre los doctores** y encima a **San Clemente** Papa y Mártir entre dos vidrieras decorativas. Aunque las vidrieras fueron realizadas en 1913, Llordén (Llordén, 1987: 307) afirma que ya en 1908 Clementina Scholtz había manifestado el propósito de costear dichas vidrieras.

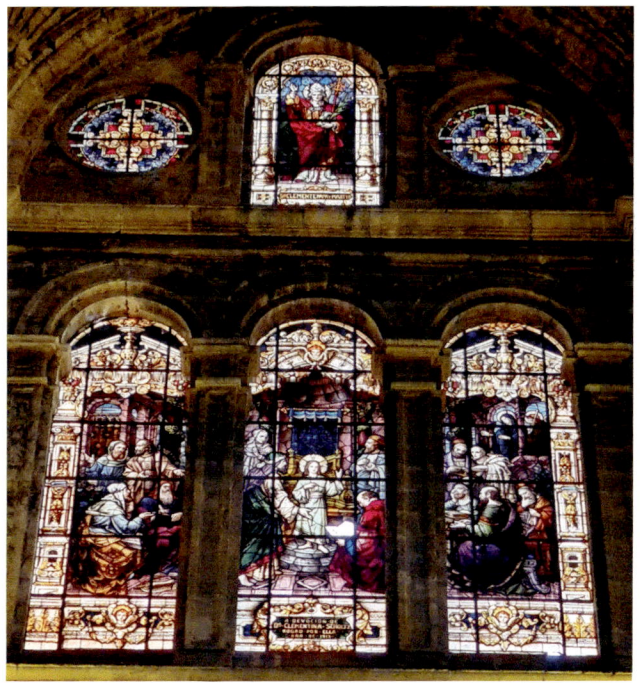

Vidrieras de Jesús entre los doctores y San Clemente.

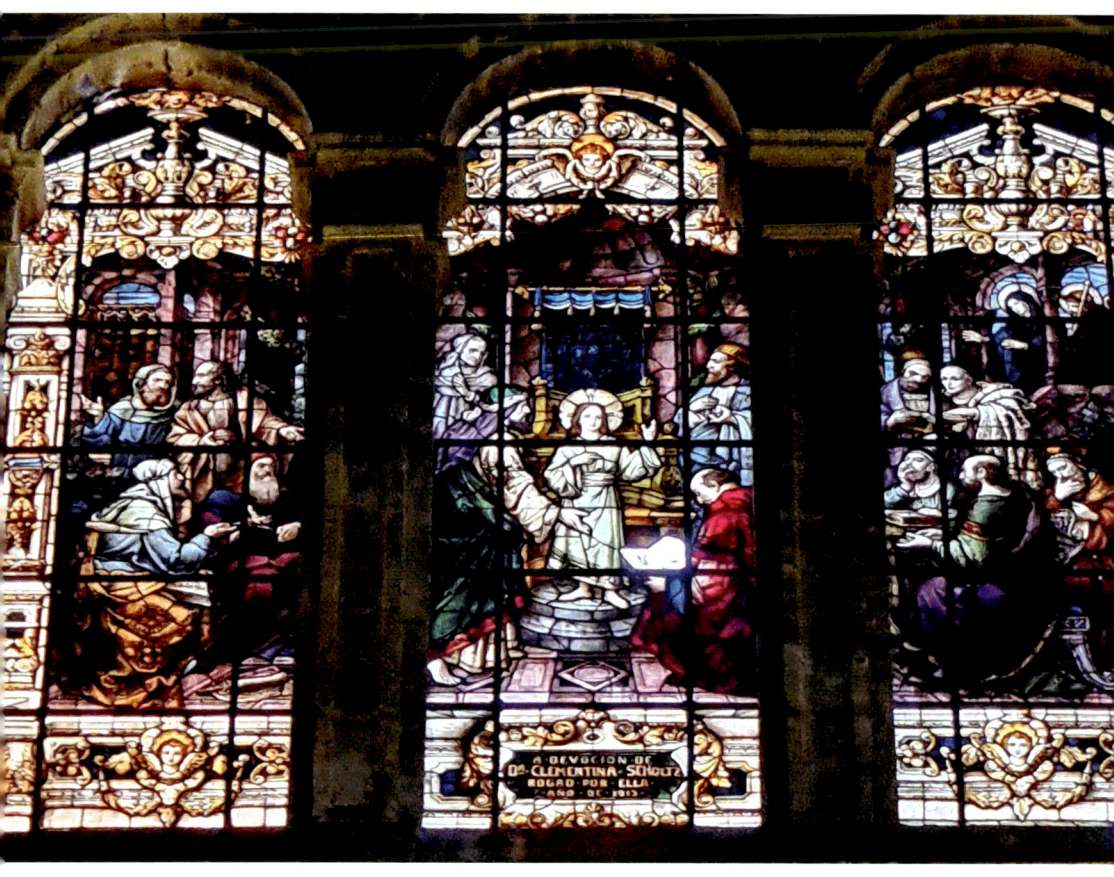

Vidrieras de la Capilla de San Julián con Jesús entre los doctores.

La escena principal representa a Jesús con doce años discutiendo con los rabinos en el templo de Jerusalén, y en las dos vidrieras laterales se ve a los doctores oyendo a Jesús y comentando entre ellos sus palabras. Bajo la figura de Cristo se puede leer la siguiente inscripción A DEVOCIÓN DE Dª CLEMENTINA SCHOLTZ ROGAD POR ELLA. AÑO DE 1913. En la parte superior está San Clemente con la tiara pontificia y la palma del martirio.

La Casa Mayer posee el dibujo polícromo de las tres vidrieras principales, así como la del Papa San Clemente y de las vidrieras decorativas.

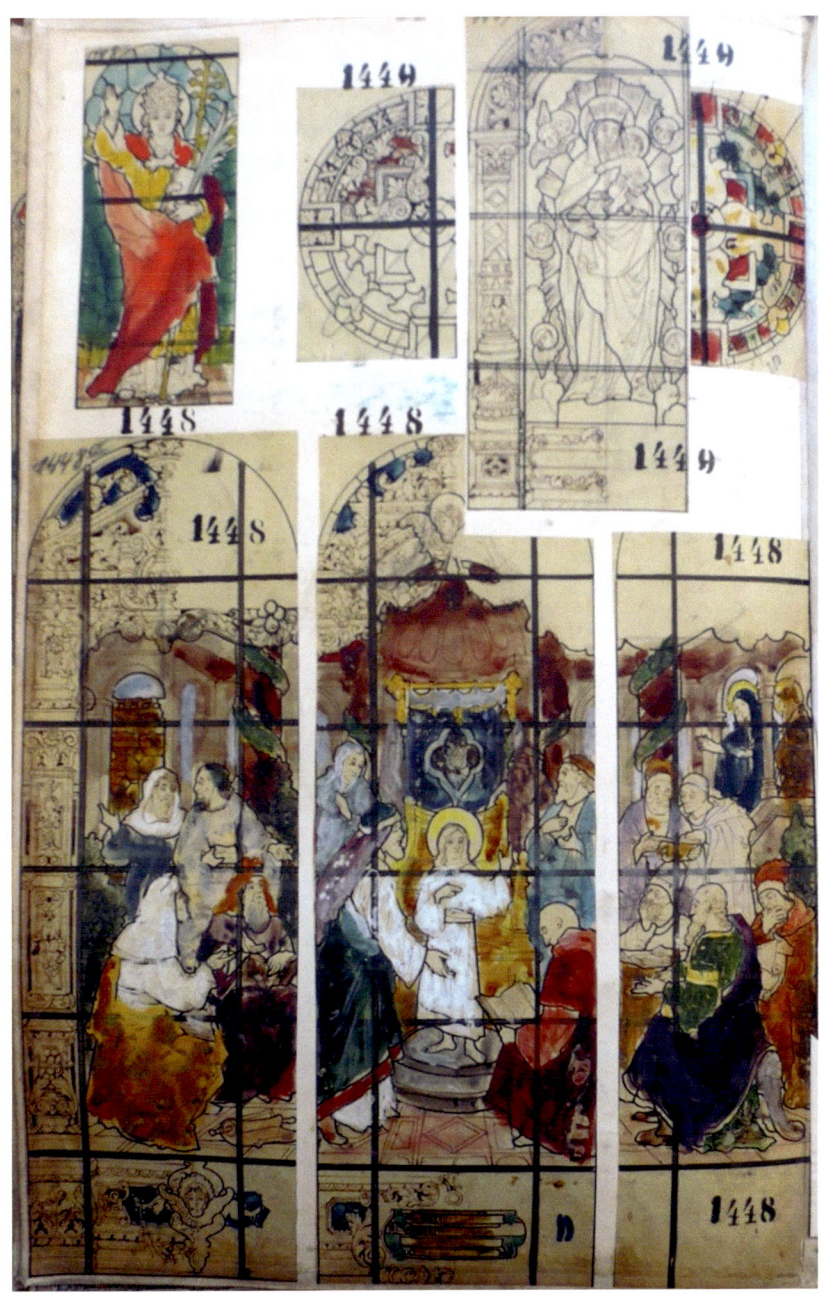

Libro de diseños, orden n.º 1448. Archivo Casa Mayer.

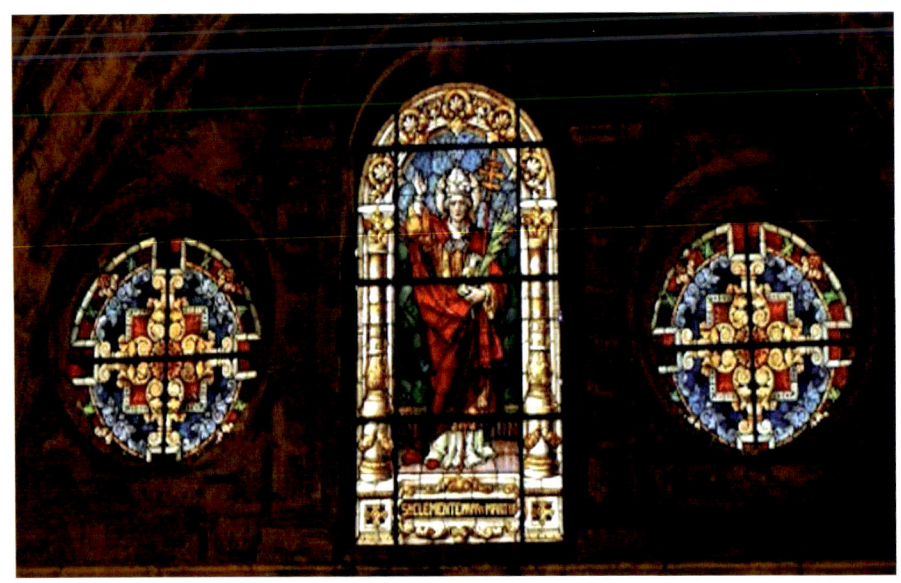

San Clemente Papa y mártir y dos vidrieras redondas decorativas.

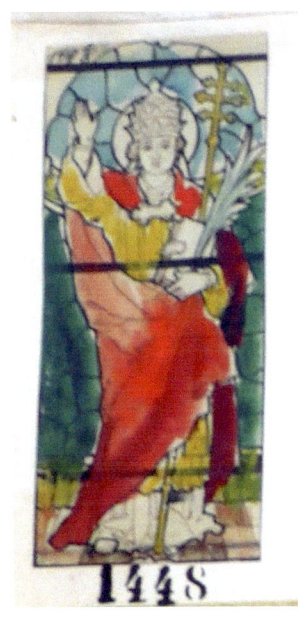

Libro de diseños, orden nro. 1448. Papa San Clemente. Archivo Casa Mayer.

Capilla de Santa Bárbara.
Vidrieras costeadas por María del Pilar y Francisca Valls y Chacón, 1914

La capilla de Santa Bárbara era una de las capillas de la Iglesia Vieja. Tras la construcción de la nueva iglesia se trasladó a la nueva capilla, que conservaba su antiguo nombre y algunos de sus elementos, entre los que destacaba el hermoso retablo gótico, obra de Nicolás Tiller. La imagen titular fue realizada en 1765 por Fernando Ortiz.

Las vidrieras principales de esta capilla representan la escena de **Pentecostés**, en la que la Virgen se sienta en un trono en el centro de una gran sala, rodeada de los doce apóstoles y del Espíritu Santo en lo alto, expandiendo sus rayos sobre las cabezas de los presentes. En la zona superior hay dos vidrieras redondas decorativas y en el centro la vidriera de **Nuestra Señora del Pilar**, nombre de una de las dos hermanas donantes.

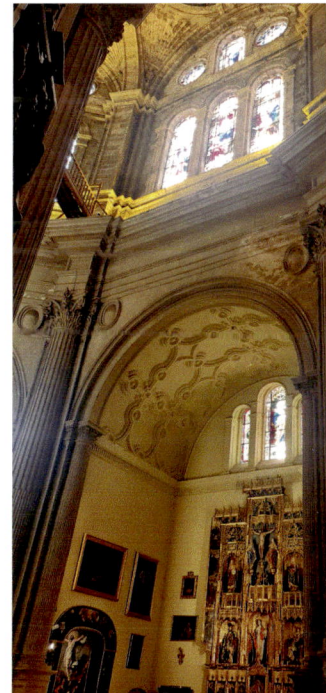
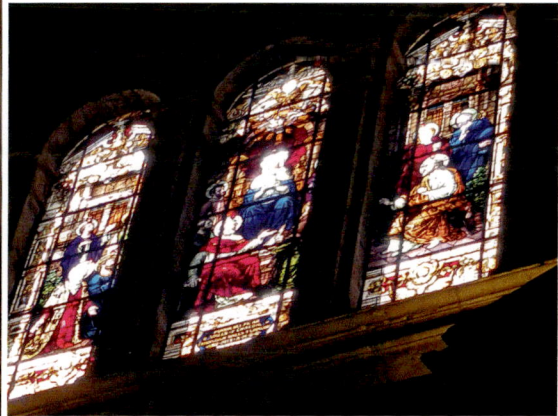

Vidrieras Capilla de Santa Bárbara, Pentecostés.

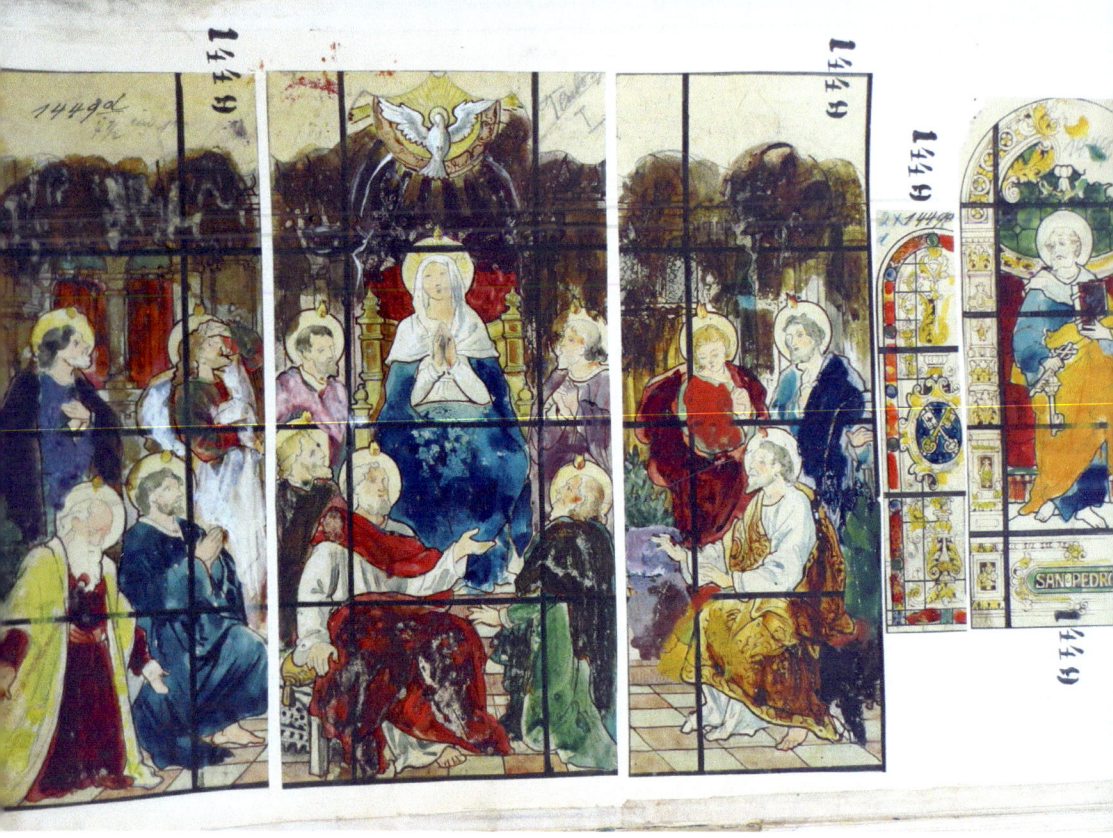

Dibujos con las escenas de Pentecostés y San Pedro. Archivo Casa Mayer.

En el interior de la capilla hay otras tres vidrieras con **San Pedro** en la zona central, llevando las llaves del reino de los cielos en la mano derecha y en la izquierda un libro cerrado con una cruz en la portada. En la vidriera de la derecha se ha representado el escudo pontificio y en la de la izquierda la cruz en la que fue crucificado en San Pietro in Montorio de Roma. Con respecto a los dibujos originales, estas dos vidrieras fueron cambiadas de lugar: a la izquierda se colocó la cruz de san Pedro y a la derecha el escudo papal.

El Archivo de la Casa Mayer conserva los dibujos preparatorios de la escena de Pentecostés y de la Virgen del Pilar, representada como una virgen exenta con un gran manto azul, corona, el Niño Jesús en sus brazos y a los pies la inscripción *NUESTRA SEÑORA DEL PILAR*. De la imagen de San Pedro la Casa Mayer conserva tres dibujos: uno en color con las dos vidrieras laterales, que es el modelo realizado, y los que parecen ser dos dibujos preparatorios en blanco y negro, que tienen pequeñas diferencias con la obra definitiva. Uno de los dibujos lleva encima de la imagen de San Pedro la inscripción *ST. PAUL* y debajo un ángel arrodillado.

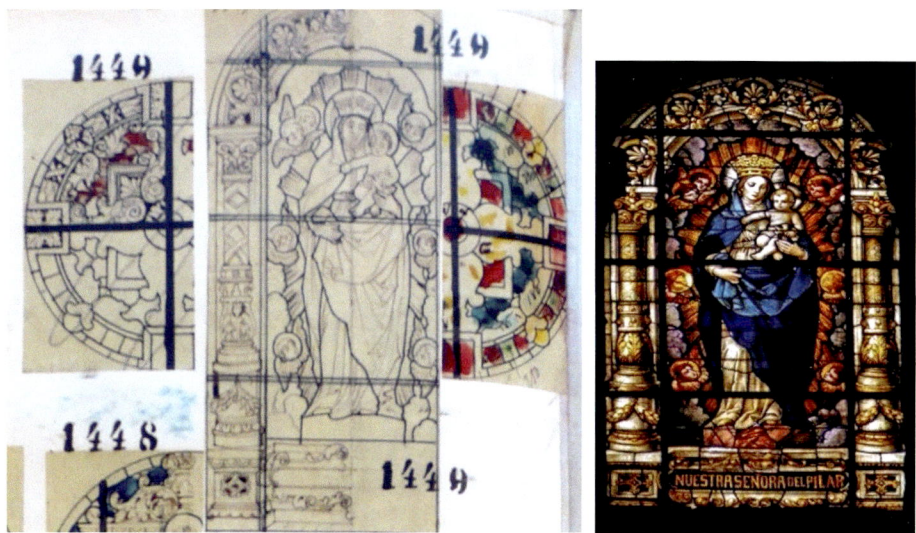

Archivo Casa Mayer, Libro de diseños, orden nro. 1449. Dibujo y vidriera de Nuestra Señora del Pilar.

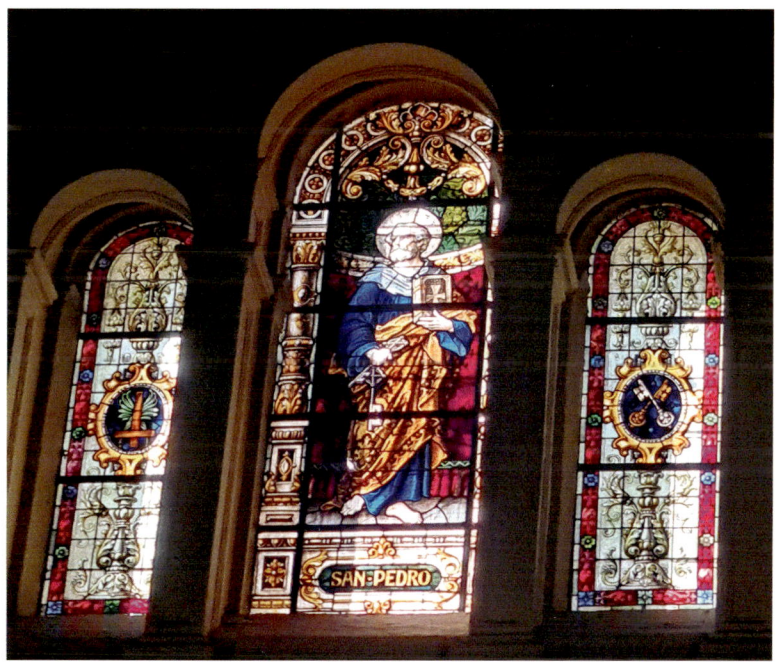

Interior de la capilla de Santa Bárbara con San Pedro en el centro, a la izquierda la cruz invertida, y a la derecha el escudo papal.

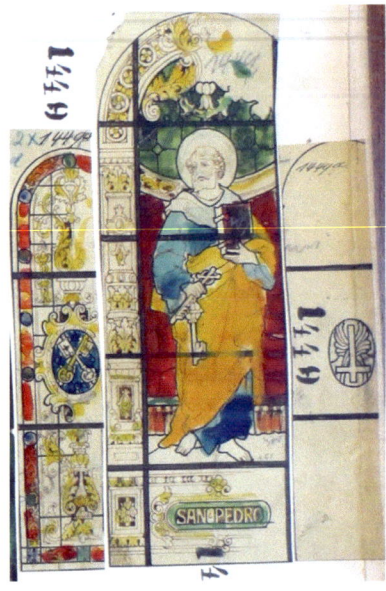

San Pedro con las llaves. Libro de diseños, orden nro. 1449. Archivo Casa Mayer.

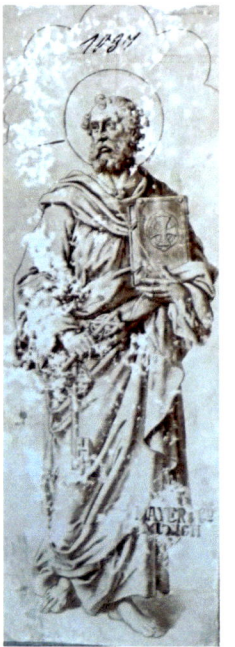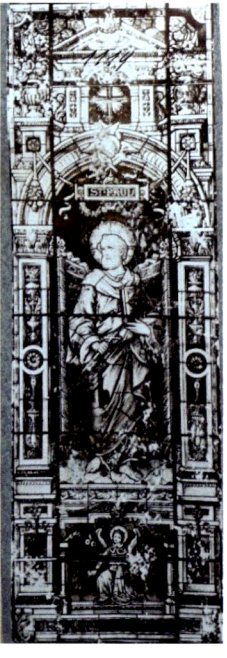

Fotografías de dos dibujos con la imagen de San Pedro. Archivo Casa Mayer.

Capilla de la Inmaculada Concepción.
Vidrieras costeadas por María Chaix, viuda de Gómez, 1915

La devoción a la Inmaculada Concepción fue establecida en Málaga por los Reyes Católicos desde el mismo momento de la consagración del templo mayor. Las primeras fiestas dedicadas a la Inmaculada provienen del año 1616. En 1654 el cabildo municipal y el cabildo catedralicio proclamaron en la catedral el voto concepcionista, a instancia del entonces obispo de Málaga, el Cardenal de la Cueva. En 1654, el Ayuntamiento de Málaga realizó un Estandarte de la Inmaculada, que se conserva en el Museo del Patrimonio Municipal de Málaga. Del año 1768 data el Estandarte de la Inmaculada de la catedral, diseñado por Fernando Ortiz y bordado por Domingo Navarro. En 1668 se colocó en el frente de la capilla el lienzo de la Inmaculada atribuido por Medina Conde al pintor Claudio Coello (1642-1693), aunque otros autores lo relacionan con Mateo Cerezo (1637-1666) (Pérez del Campo, 1986: 50).

Las vidrieras principales de esta capilla representan tres escenas de la **Pasión de Cristo**, tema que se repite en otras capillas de la catedral. En el centro se halla **Pilatos lavándose las manos**, y a izquierda y derecha **Jesús presentado al pueblo** vestido solo con una túnica blanca, y la **Coronación de espinas**, con Cristo sentado en una silla, con un manto rojo y una caña entre las manos, a manera de cetro. En la parte superior se encuentra la vidriera de **San Matías** entre dos vidrieras decorativas. El apóstol San Matías, que sustituyó a Judas Iscariote antes de Pentecostés, aparece de pie con un manto verde, con la mano izquierda sobre la barba, en actitud de meditación y con la mano derecha sujetando el palo del hacha, con el que fue decapitado, En el interior de la capilla se ubica la vidriera con el **escudo del Papa Pío IX** (1846-1878), quien promulgó el dogma de la Inmaculada Concepción el 8 de diciembre de 1854.

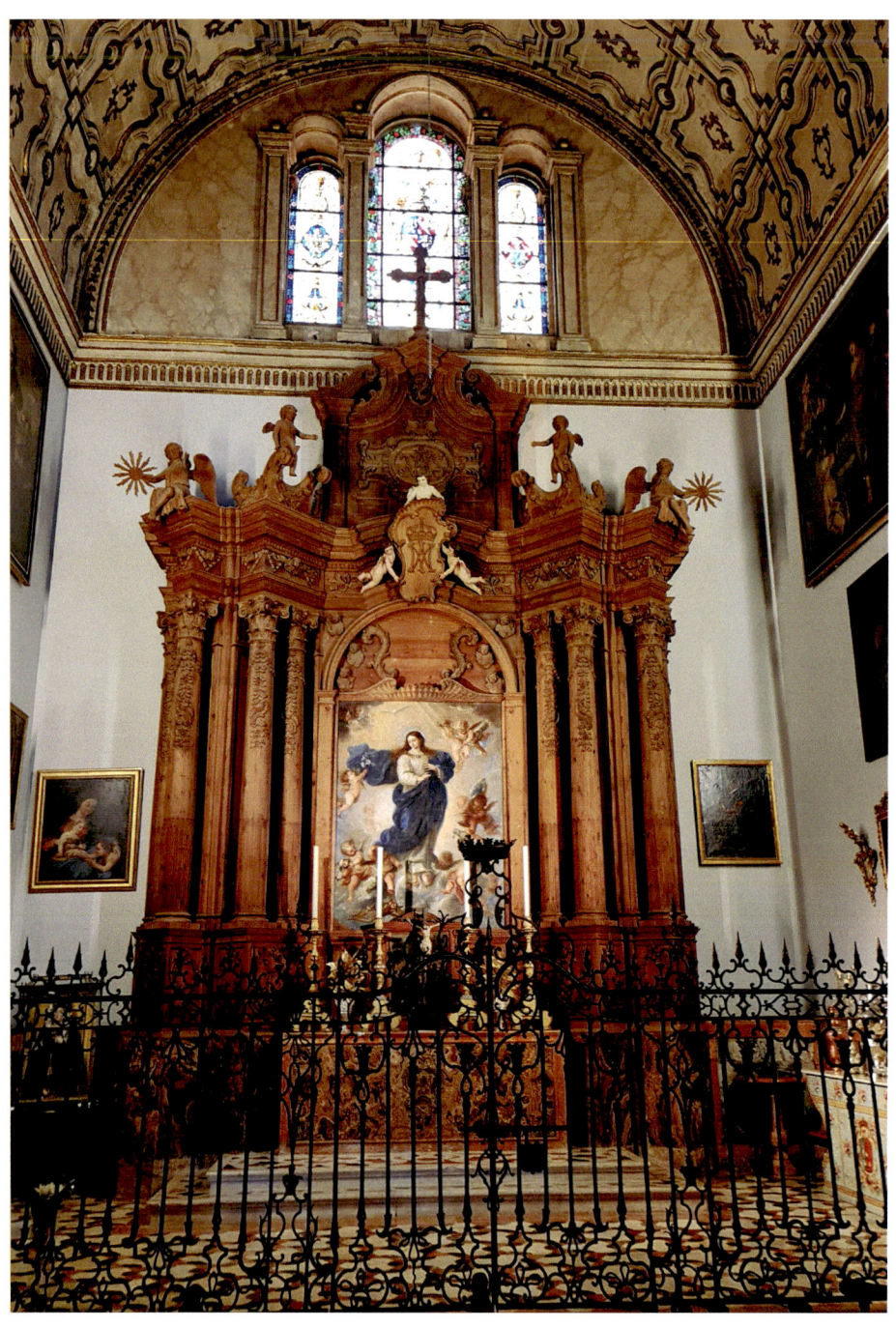

Capilla de la Inmaculada Concepción.

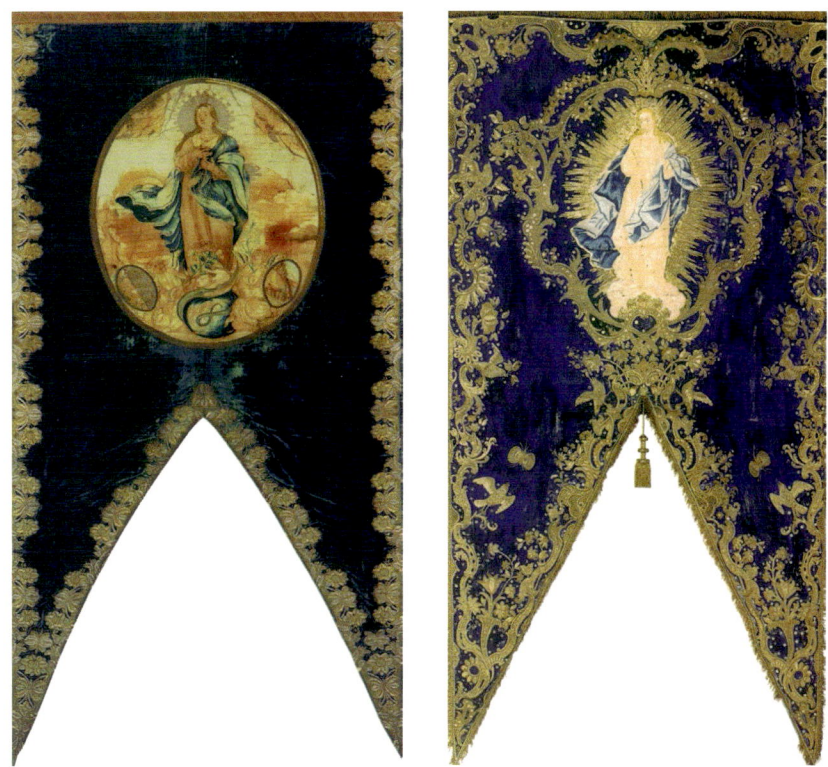

Estandarte de la Inmaculada, 1654, Ayuntamiento de Málaga. Estandarte de la Inmaculada, 1768-1769, Catedral de Málaga.

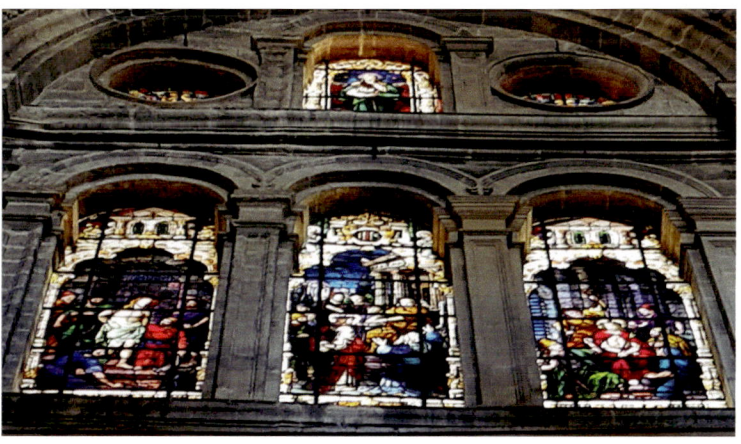

Vidrieras de la Capilla de la Inmaculada. Ecce Homo, Pilatos, Coronación de espinas y San Matías.

Se han conservado en la Casa Mayer los dibujos preparatorios de las vidrieras, aunque en este caso la vidriera de la izquierda con la escena de Cristo presentado al pueblo aparece en un dibujo independiente junto con los dibujos del escudo del papa Pío IX, el de San Matías y una vidriera decorativa.

El 12 de febrero de 1915 el cabildo catedralicio de Málaga fue informado de que las vidrieras encargadas en Múnich para la Capilla de la Inmaculada Concepción pronto llegarían vía Génova.

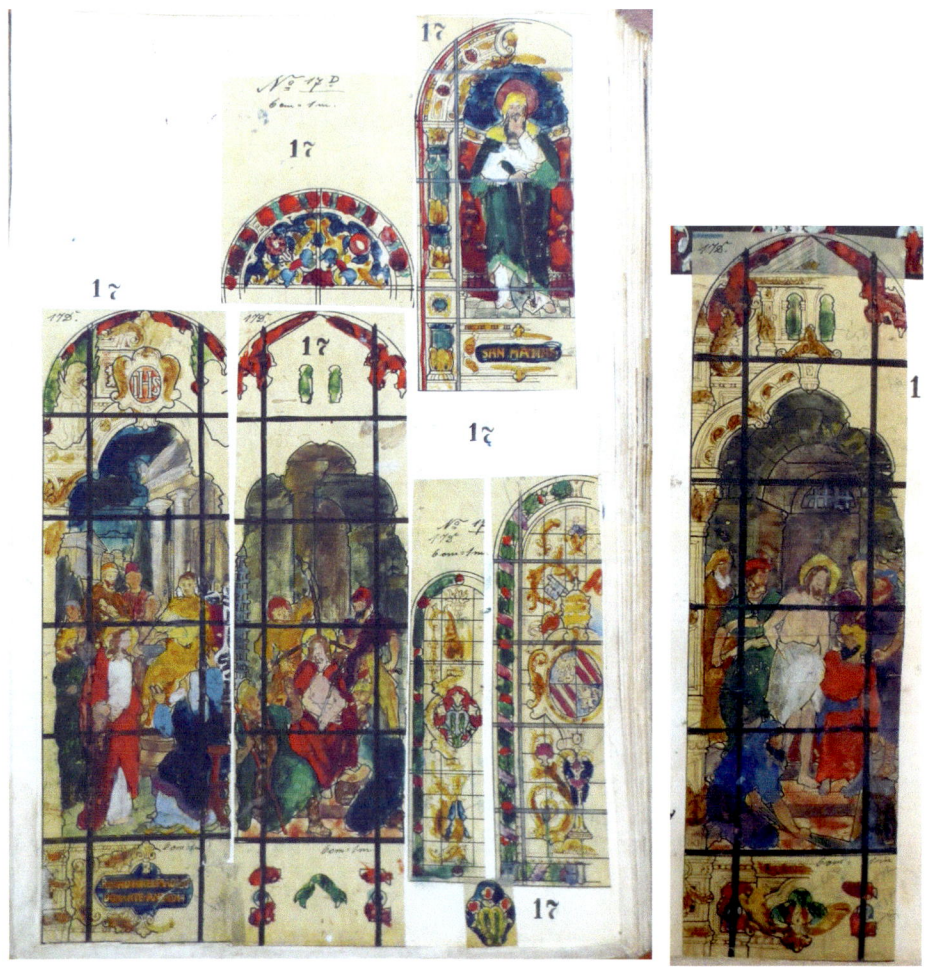

Dibujos con las escenas del Ecce Homo, escudo del Papa Pío IX (1846-1878) y San Matías. Archivo Casa Mayer.

El 5 de mayo de 1915 el arquitecto de la catedral presentó el informe de los gastos hechos en la colocación de las vidrieras, de las que se hizo cargo el constructor Manuel Atencia, quien recibió un pago de 500 pesetas, que se sacaron del dinero entregado por la donante.

El 30 de junio de 1915 el lectoral de la catedral informaba de la colocación de las vidrieras en la Capilla de la Inmaculada Concepción, cuyo coste había sido de 16.720 pesetas. La donante María Chaix de Gómez solicitó el derecho de sepultura, concediéndosele en la Capilla de San Julián, donde estaban enterradas las señoras Scholtz (Llordén, 1988: 319).

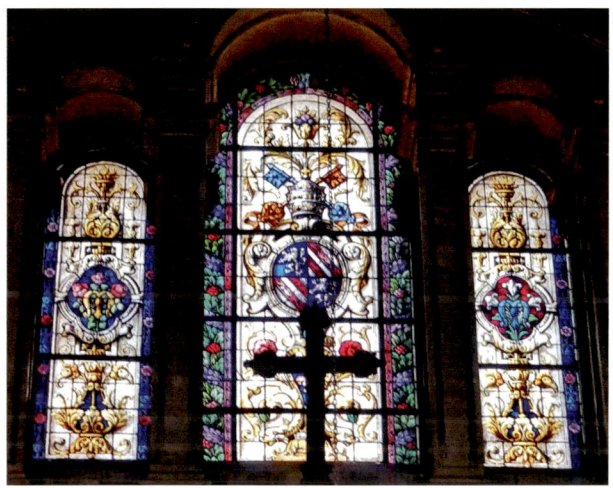 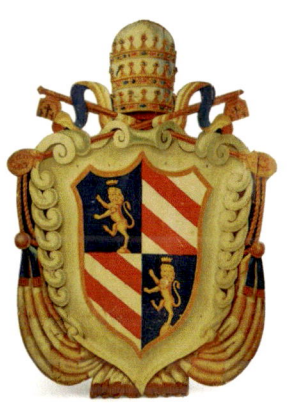

A la izquierda, vidrieras con el escudo del papa Pío IX (1846-1878), que en 1854 promulgó el dogma de la Inmaculada Concepción. A la derecha, escudo del papa Pío IX, 1846-1878.

Bibliografía

Álbum. Descripción de la Capilla Mayor de la iglesia parroquial de San Pablo. Dedicado a la Sra. Doña Ventura Terrado y Rodríguez, Viuda de Sandoval. 12 de junio de 1892. Manuscrito. Archivo Diocesano de Málaga.

BOLEA Y SINTAS, M. (1894). *Descripción Histórica que de La Catedral de Málaga hace su canónigo doctoral*. Málaga, Imprenta de Arturo Gilabert, 106-120, 125-295.

CAMACHO MARTÍNEZ, R. (1988). *Arquitectura y símbolo. Iconografía de la Catedral de Málaga*. Málaga, Real Academia de Bellas Artes de San Telmo, 40 y 58. https://doi.org/10.24310/BoLArte.2013.v0i34.3541

ESCOLAR GARCÍA, J. *Los memorables sucesos desarrollados en Málaga los días 11 y 12 de mayo de 1931. Un reportaje histórico*. Málaga, Tipografía Morales. Edición sin fecha de autoría.

ESPINOSA DOMÍNGUEZ, M.ª A. (1997), «Las vidrieras de la Catedral de Málaga». *El Observador. Revista de Culturas Urbanas*, 31, 38-40.

Franz Mayer'sche Hofkunstanstalt. Gegründet 1847. (2001) *Fine Münchner Unternehmensbiographie von Konrad Mayer. Pro Domo. Teil 1. Die 1. Generation, 1847-1883*. München.

GONZÁLEZ, M. (1935). *Un sueño pastoral*. Málaga. El Granito de Arena.

GRAF, B., Knapp, G., Mayer, G., Mayer, M. C. (2013). «"The "Munich Style" stained glass windows in the context of tradition and change». En *Franz Mayer of Munich and F. X. Zettler. A short historic Survey*. Ed. Hirmer, Munich.

HERNANZ MADERUELO, R. (2021). *La casa internacional de vidrieras Maumejean y su entorno desde 1862 hasta nuestros días*. Tesis doctoral defendida en la Universidad de Burgos en 2912.

HUERTAS MAMELY, A. (2000). «Vidrieras de la Catedral de Málaga, Siglos XIX y XX». En SAURET GEURRERO, Teresa (Dir.). *Patrimonio Cultural de Málaga y su Provincia. Edad Moderna. Arquitectura y urbanismo*, vol. 2, Málaga, Centro de Ediciones de la Diputación de Málaga (CEDMA), 208-211.

JIMÉNEZ GUERRERO, J. (Dir. y Coord.) (2005). *Cautivo y Trinidad. Estudio Histórico Artístico de la Real, Muy Ilustre y Venerable Cofradía de Nazarenos de Nuestro*

Padre Jesús Cautivo, María Santísima de la Trinidad Coronada y del Glorioso Apóstol Santiago. Tomo I. Málaga, UNICAJA Fundación.

JIMÉNEZ GUERRERO, J. (2006). *La quema de conventos en Málaga. Mayo de 1931*. Málaga, Arguval, 55, 112-115.

LLORDÉN, A. (1988). *Historia de la construcción de la Catedral de Málaga*. Málaga, Colegio de Aparejadores y Arquitectos Técnicos, 307 y 310.

MANAUTÉ, B. (2015). *Manufacture de vitrail et mosaïque d'art. Mauméjean. FlambejIlluminejEmbrasej*. Le Festin, Bordeaux.

MEDINA CONDE, C. (1878). *Descripción de la Santa Iglesia Catedral de Málaga, desde el 1487 de su erección, hasta el presente de 1785*. Málaga, Imp. del Correo de Andalucía, 149-154.

MORALES FOLGUERA, J. M. (1998). «Las sombras de la memoria. (Apuntes sobre dos siglos del patrimonio histórico de la iglesia malagueña. Siglos XIX y XX». En

SÁNCHEZ LAFUENTE GEMAR, R. (Coord.). *El Esplendor de la Memoria. El arte de la Iglesia de Málaga*. Sevilla, Junta de Andalucía, 62-67.

MORALES FOLGUERA, J. M. y MORALES FOLGUERA, J. A. «El final del proyecto constructivo e iconográfico de la iglesia de la Victoria de Málaga. Las vidrieras de Maumejean. 1971», *Mélanges de la Casa de Velázquez*. Nouvelle serie, 54 (1), 2024, 275-294. https://doi.org/10.4000/11r41

PALOMO CRUZ, A. J. (2020). *La catedral de Málaga*. Córdoba, Almuzara, 298-307.

PÉREZ DEL CAMPO, L. (1984). «Las artes industriales: rejería y vidrio». En: ALCOBENDAS, M. (dir.), *Málaga. Arte*. Colección Nuestra Andalucía, Tomo Ill, Granada, Anel, 898 - 899.

PÉREZ DEL CAMPO, L. y ROMERO TORRES, J. L. (1986) *La Catedral de Málaga*, León, Everest, 14 -15.

PONZ, A. (1783). *Viage de España*. Vol. XII. Madrid, Por D. Joachin Ibarra, Impresor de Cámara de S. M., 185-186.

RAMÍREZ GONZÁLEZ, S. (2004): «Amarga Victoria. La Capilla de los Caídos de la Catedral de Málaga o la frustración de la memoria», *Boletín de Arte*, 25, Universidad de Málaga, 371-417.

RAMOS FRENDO, E. (1999). «El Colegio de la Asunción de Málaga y Amalia Heredia Livermore. Historia de dos vidas paralelas». *Boletín de Arte*, 20, 191-210. https://doi.org/10.24310/BoLArte.1999vi20.11643

RAMOS FRENDO, E. (2004). «La burguesía malagueña y sus promociones arquitectónicas de carácter religioso y asistencial (II)». *Boletín de Arte*. 25, 455-456. https://doi.org/10.24310/BoLArte.2004.v0i25.4624

Revista *La Ilustración Española y Americana*, año XXIV, núm. XLIII, 22 de noviembre de 1880, 309.

Revista *La Unión Ilustrada*, «Málaga: un barrio obrero». 42, 3 de julio de 1910. Biblioteca Nacional de España.

Revista *La Unión Ilustrada*, «Inauguración del barrio obrero de Ntra. Sra. del Rosario». 97, 23 de julio de 1911. Biblioteca Nacional de España.

ROMERO TORRES, J. L. (1981). «La escultura en Málaga a fines del siglo XIX». En: *Una sociedad a fines del siglo XIX: Málaga*. Tomo I, Madrid, Ministerio de Cultura, 144-115.

RUZ DELGADO, P. (2021). «Orígenes de la presencia salesiana en Málaga. El Oratorio de San Enrique (1894-1898)». *Salesian Online Resources*, 9 de mayo, 187-212.

SALADO ALCALDE, I. (2005-2006): «Visión iconográfica de la Guerra Civil en Málaga: fotografía e imagen satírica», *Boletín de Arte*, 26-27, Universidad de Málaga, 677-710.

SANTA CRUZ Y MALLEN, F. X. (1940). *Historia de familias cubanas*. Tomo Segundo, La Habana, Editorial Hércules.

SAURET, T. (2003). *La catedral de Málaga*. Servicio de Publicaciones. Centro de Ediciones de la Diputación de Málaga, 109-120.

TERRADO, V. (1897) «Carta abierta de Ventura Terrado al Ayuntamiento de Málaga». *Boletín Salesiano*. Año XII, 7, julio, 163-164, 175.

TROYANO CHICHARRO, J. M. (199). «D. Alonso de la Cueva-Benavides, tercer señor y primer marqués de la Villa de Bedmer (1574-1655)». *Boletín del Instituto de Estudios Giennenses*, 168, 123-160.

UPTMOOR, W. (2023). «Vidrieras de Franz Mayer y F. X. Zettler de Múnich en España». *La Revista Arcove*, 6, octubre, 2023, 2-19.

USCATESCU, A. (2013). «Arte y tecnología textil. El emblema de Santiago el Menor (Siglos XI-XVI)». *Anuario de Estudios Medievales*. 43/2, julio-diciembre, 871-914. https://doi.org/10.3989/aem.2013.43.2.13

VALERIO, O. y CORTÉS, M. *Vidrieras de la Catedral de Málaga*. Acceso el 8 de julio de 2024. https://malagaenelcorazon.com/vidrieras-catedral-de-malaga/

VERA PRIETO, Marta (2015). *Patrimonio Industrial y Musealización: Fábricas de San Juan de Alcaraz (Riópar, Albacete)*. Tesis Doctoral. Departamento de Arte. Facultad de Bellas Artes. Universidad de Castilla La Mancha. https://hdl.handle.net/10578/7591

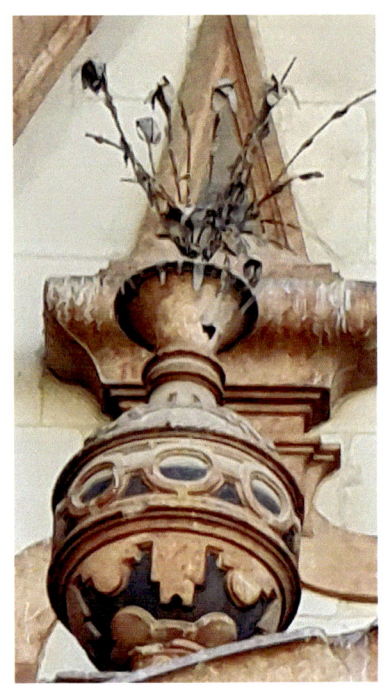

Jarrón de azucenas que simbolizan la virginidad de María.
Blasón y Emblema de la catedral de Málaga. Ubicado en la fachada principal.